Automatisierungs geheimnisse

Steigern Sie Ihre Produktivität mit Copilot M365 in Excel

Franziska Winkler

Automatisierungsgeheimnisse

Steigern Sie Ihre Produktivität mit Copilot M365 in Excel

Veröffentlicht von
Franziska Winkler

ISBN
9798280002081

Urheberrechtshinweis

Haftungsausschluss:

INHALTSVERZEICHNIS

EINLEITUNG

Excel begleitet mich seit Jahren durch meinen beruflichen Alltag. Was als einfaches Tabellenkalkulationsprogramm begann, entwickelte sich zu einem unverzichtbaren Werkzeug für Millionen von Büroarbeitern weltweit – wahrscheinlich auch für Sie. Die Möglichkeiten scheinen grenzenlos: Daten sammeln, analysieren, visualisieren und teilen. Doch bei all diesen Vorzügen verbirgt sich ein Paradoxon, das ich in meiner Beratungstätigkeit immer wieder beobachte: Je mehr wir Excel nutzen, desto mehr Zeit verbringen wir mit repetitiven, manuellen Aufgaben, die unsere Produktivität heimlich ausbremsen.

Kennen Sie das Gefühl? Der Montagmorgen beginnt, und vor Ihnen liegt eine riesige Datentabelle, die formatiert, sortiert und ausgewertet werden muss. Oder Sie müssen zum dritten Mal in dieser Woche dieselben Schritte durchführen, um einen Standardbericht zu erstellen. Vielleicht kämpfen Sie auch regelmäßig mit der Konsolidierung von Daten aus verschiedenen Quellen – eine Aufgabe, die nicht nur zeitraubend, sondern auch fehleranfällig ist.

In meiner Arbeit mit deutschen Unternehmen verschiedenster Größen sehe ich täglich, wie qualifizierte Fachkräfte kostbare Stunden mit Klickarbeit verbringen, statt ihre eigentliche Expertise einzusetzen. Ein Controlling-Mitarbeiter erzählte mir kürzlich: "Ich wurde für meine analytischen Fähigkeiten eingestellt, verbringe aber 70% meiner Zeit mit dem Vorbereiten und Formatieren von Daten." Diese Erfahrung ist keine Ausnahme, sondern vielmehr die Regel.

Die gute Nachricht: Es gibt einen Ausweg aus dieser Excel-Falle. Mit der Integration von künstlicher Intelligenz in die Microsoft 365-Suite und speziell in Excel eröffnen sich völlig neue

Möglichkeiten, genau diese Routineaufgaben zu automatisieren. Copilot M365 fungiert dabei als Ihr persönlicher Assistent, der mühelos Aufgaben übernehmen kann, für die Sie bisher wertvolle Zeit aufwenden mussten.

Stellen Sie sich vor, Sie könnten komplexe Datenbereinigungen mit einem einfachen Befehl durchführen oder Pivot-Tabellen erstellen, ohne sich durch verschachtelte Menüs zu klicken. Wie wäre es, wenn Sie Diagramme nicht mehr manuell anpassen müssten, sondern einfach beschreiben könnten, was Sie visualisieren möchten? Genau diese Realität möchte ich Ihnen mit diesem Buch näher bringen.

Mein Ziel ist klar: Ich möchte Ihnen zeigen, wie Sie mit Copilot M365 in Excel Ihre Produktivität steigern können, indem Sie repetitive Aufgaben automatisieren und so mehr Zeit für wertschöpfende Tätigkeiten gewinnen. Dieses Buch ist Ihr praktischer Leitfaden, der Sie von den Grundlagen der Copilot-Nutzung bis hin zu fortgeschrittenen Automatisierungstechniken begleitet.

Die Reise, die vor uns liegt, ist in fünf Etappen gegliedert. Wir beginnen mit den Grundlagen: Wie Sie Copilot in Excel aktivieren, konfigurieren und effektiv nutzen. Anschließend zeige ich Ihnen, wie Sie sofortige Entlastung schaffen können, indem Sie einfache Excel-Routinen automatisieren. Im dritten Teil tauchen wir tiefer ein und befassen uns mit komplexeren Datenaufbereitungsaufgaben, die Copilot für Sie übernehmen kann. Der vierte Abschnitt widmet sich der Datenanalyse und Visualisierung, während wir im letzten Teil erkunden, wie Sie die gewonnenen Erkenntnisse nachhaltig in Ihren Arbeitsalltag integrieren können.

Warum ist dieses Thema so wichtig? Die Arbeitswelt verändert sich rasant. In einer Zeit, in der Effizienz und Produktivität entscheidende Wettbewerbsfaktoren sind, können wir es uns nicht leisten, kostbare Arbeitsstunden mit manuellen Routineaufgaben zu verbringen. Die künstliche Intelligenz ist nicht mehr nur ein Schlagwort der Zukunft, sondern ein praktisches Werkzeug der Gegenwart, das uns unterstützen kann.

Aus meiner Erfahrung als Beraterin für Prozessautomatisierung weiß ich, dass viele Menschen Bedenken haben, wenn es um KI und Automatisierung geht. "Wird die KI meinen Job übernehmen?" oder "Ist das alles nicht zu kompliziert für mich?" sind Fragen, die mir häufig begegnen. Lassen Sie mich Ihnen versichern: Copilot ist kein Ersatz für Ihre Expertise, sondern ein Werkzeug, das Sie von zeitraubenden Routineaufgaben befreit, damit Sie Ihr volles Potenzial entfalten können. Und nein, Sie müssen kein Programmierer oder Datenexperte sein, um von diesen Möglichkeiten zu profitieren.

Ein Manager aus dem Mittelstand berichtete mir nach der Einführung von Copilot: "Unsere Monatsabschlüsse kosten uns jetzt halb so viel Zeit. Das Team nutzt die gewonnenen Stunden für tiefergehende Analysen und strategische Planung – Aufgaben, die früher immer zu kurz kamen." Solche Erfolgsgeschichten motivieren mich, dieses Wissen weiterzugeben.

Dieses Buch richtet sich an verschiedene Zielgruppen: Büroangestellte, die regelmäßig mit Excel arbeiten und Zeit sparen möchten; Datenanalysten, die mehr Zeit für tatsächliche Analyse statt für Datenaufbereitung benötigen; Assistenzkräfte, die große Datenmengen verwalten müssen; und generell alle, die das Potenzial von Excel noch besser ausschöpfen möchten.

Der Aufbau folgt einem praxisorientierten Ansatz. Jedes Kapitel enthält konkrete Beispiele, Schritt-für-Schritt-Anleitungen und praktische Tipps, die Sie sofort in Ihrem Arbeitsalltag umsetzen können. Ich verzichte bewusst auf technisches Fachchinesisch und konzentriere mich stattdessen auf verständliche Erklärungen und nachvollziehbare Anwendungsfälle.

Was dieses Buch von anderen unterscheidet, ist mein Fokus auf die tatsächlichen Herausforderungen deutscher Büroumgebungen. Die Beispiele und Szenarien basieren auf realen Situationen, denen ich in meiner Beratungstätigkeit begegnet bin. Zudem lege ich besonderen Wert auf die nachhaltige Integration der Automatisierung in Ihren Arbeitsalltag – es geht nicht nur darum, einzelne Tricks zu kennen, sondern einen grundlegenden Wandel in Ihrer Arbeitsweise zu ermöglichen.

Meine Vision für Sie als Leser ist klar: Nach der Lektüre dieses Buches werden Sie nicht nur wissen, wie Sie Copilot M365 in Excel einsetzen können, sondern auch ein tieferes Verständnis dafür entwickeln, welche Aufgaben sich für Automatisierung eignen und wie Sie Ihre persönliche Produktivitätsrevolution gestalten können.

Die Zeit, die Sie durch Automatisierung gewinnen, ist nicht einfach nur "eingesparte Zeit" – es ist Freiraum für Innovation, Kreativität und strategisches Denken. Es ist die Chance, Ihre eigentliche Expertise zur Geltung zu bringen, statt in Routineaufgaben zu versinken.

Sind Sie bereit, Ihre Excel-Arbeit zu revolutionieren und den Sprung in eine effizientere Zukunft zu wagen? Dann lassen Sie uns gemeinsam eintauchen in die Welt der intelligenten Automatisierung mit Copilot M365. Ich bin überzeugt: Was Sie auf den folgenden Seiten entdecken werden, wird Ihre Arbeitsweise nachhaltig verändern – zum Positiven.

DIE EXCEL-FALLE ERKENNEN: MANUELLE ARBEIT ALS PRODUKTIVITÄTSBREMSE IDENTIFIZIEREN

VERSTECKTE ZEITFRESSER IM EXCEL-ALLTAG AUFDECKEN

Kennen Sie das? Der Tag neigt sich dem Ende zu, und Sie blicken auf Ihre To-do-Liste. Trotz stundenlanger Arbeit in Excel haben Sie weniger geschafft als geplant. Diese Situation begegnet mir in meiner Beratungstätigkeit täglich – qualifizierte Fachkräfte, die ihre wertvolle Zeit mit manuellen, repetitiven Excel-Aufgaben verbringen, statt strategisch zu arbeiten.

Die Erkenntnis des Problems ist der erste Schritt zur Lösung. In diesem Abschnitt möchte ich Ihnen helfen, die versteckten Zeitfresser in Ihrem Excel-Alltag zu identifizieren – jene kleinen, scheinbar harmlosen Tätigkeiten, die in Summe Stunden Ihrer produktiven Zeit verschlingen.

Mein Kunde Thomas, Controlling-Leiter in einem mittelständischen Unternehmen, beschrieb es treffend: "Ich verbringe mehr Zeit damit, Daten aufzubereiten als sie zu analysieren." Seine Situation ist keine Ausnahme, sondern die Regel im deutschen Büroalltag.

Die Herausforderung besteht darin, dass viele dieser Zeitfresser so tief in unsere täglichen Routinen eingebettet sind, dass wir sie kaum noch wahrnehmen. Sie sind wie kleine Lecks in einer Wasserleitung – jedes für sich scheint unbedeutend, doch zusammen führen sie zu erheblichem Ressourcenverlust.

Beginnen wir mit einer nüchternen Bestandsaufnahme der häufigsten Zeitfresser:

- **Manuelle Datenübertragung:** Das Kopieren von Daten aus verschiedenen Quellen in Excel-Tabellen, sei es aus E-Mails, PDFs oder anderen Systemen.

- **Wiederholte Formatierungsarbeiten:** Das immer gleiche Anpassen von Schriftarten, Zellfarben, Rahmen und Zahlenformaten bei regelmäßigen Berichten.
- **Formelkonstruktion ohne Automatisierung:** Das manuelle Erstellen und Kopieren von Formeln über mehrere Zellen oder Tabellenblätter hinweg.
- **Datenbereinigung ohne Hilfsmittel:** Das Korrigieren von Tippfehlern, Entfernen von Duplikaten oder Standardisieren von Datenwerten per Hand.
- **Aufwändiges Sortieren und Filtern:** Das mehrfache Anwenden von Sortierkriterien und Filtern, um bestimmte Datenansichten zu erhalten.

In meiner Arbeit mit verschiedenen Unternehmen beobachte ich immer wieder, wie diese Tätigkeiten nicht nur Zeit kosten, sondern auch die Arbeitszufriedenheit mindern. Eine Mitarbeiterin aus der Finanzabteilung eines großen Handelsunternehmens berichtete mir: "Jeden Montag verbringe ich drei Stunden damit, Verkaufszahlen aus verschiedenen Systemen zusammenzutragen und in ein einheitliches Format zu bringen. Diese Zeit fehlt mir dann für die eigentliche Analyse."

Der entscheidende Punkt: Diese Tätigkeiten erfordern kaum fachliche Expertise. Sie könnten größtenteils automatisiert werden, binden aber wertvolle Ressourcen qualifizierter Mitarbeiter.

Lassen Sie uns diese versteckten Zeitfresser genauer betrachten:

1. Datensuche und Navigation

Die Suche nach spezifischen Informationen in großen Tabellen raubt kostbare Minuten. Stellen Sie sich vor, Sie müssen regelmäßig bestimmte Kundendaten aus einer Liste mit tausenden Einträgen filtern. Ohne optimierte Suchfunktionen oder Automatisierung verbringen Sie jedes Mal wertvolle Zeit mit Scrollen und manueller Prüfung.

2. Wiederholtes Datenkopieren und -einfügen

Das klassische "Copy & Paste" scheint harmlos, summiert sich aber dramatisch. Ein Projektmanager eines meiner Klienten dokumentierte seinen Aufwand: Er verbrachte wöchentlich über vier Stunden damit, Daten zwischen verschiedenen Excel-Dateien zu kopieren, um Statusberichte zu erstellen – reine Fleißarbeit ohne intellektuelle Herausforderung.

3. Manuelle Formatierung und Layout-Anpassungen

Die visuelle Aufbereitung von Daten ist wichtig, wird aber oft zum Zeitgrab. Zellen färben, Schriften anpassen, Rahmen setzen, Spaltenbreiten justieren – all dies sind notwendige, aber nicht wertschöpfende Tätigkeiten. Eine Assistentin der Geschäftsführung verbrachte nach eigenen Angaben fast 20% ihrer Arbeitszeit mit solchen Formatierungsarbeiten.

4. Komplexe Berechnungen ohne Automatisierung

Excel bietet mächtige Berechnungsmöglichkeiten, doch viele Nutzer wenden sie ineffizient an. Statt Formeln dynamisch zu gestalten, werden Berechnungen häufig für jeden Datensatz neu erstellt oder angepasst. Ein Controlling-Mitarbeiter gestand mir: "Für unseren Quartalsbericht aktualisiere ich über 200 Formeln manuell – obwohl es sicher einen effizienteren Weg gäbe."

5. Manuelle Datenbereinigung und -validierung

Unvollständige oder inkonsistente Daten sind allgegenwärtig. Die manuelle Prüfung und Korrektur von Datensätzen – etwa die Vereinheitlichung von Ländercodes oder die Formatanpassung von Datumsangaben – kostet enorm viel Zeit. Ein Data Analyst eines Versicherungsunternehmens schätzte, dass er 30% seiner Arbeitszeit mit der Bereinigung von Excel-Daten verbringt.

6. Umständliche Datenzusammenführung

Das Konsolidieren von Daten aus mehreren Quellen oder Tabellenblättern ohne automatisierte Hilfsmittel ist mühsam und fehleranfällig. Ein Vertriebsleiter beschrieb mir, wie sein Team monatlich Verkaufsberichte aus verschiedenen Regionen manuell zusammenführt – ein Prozess, der einen ganzen Arbeitstag in Anspruch nimmt.

7. Wiederkehrende Berichterstellung ohne Vorlagen

Viele Mitarbeiter erstellen regelmäßig ähnliche Berichte, beginnen aber jedes Mal fast bei null. Eine Personalreferentin erzählte mir: "Jeden Monat erstelle ich praktisch denselben Personalbericht neu, weil wir keine automatisierte Lösung haben."

Das Paradoxe an diesen Zeitfressern: Mit den richtigen Tools und Methoden könnten die meisten dieser Aufgaben drastisch beschleunigt oder vollständig automatisiert werden. Doch in vielen Unternehmen fehlt es an Bewusstsein für diese Optimierungspotenziale oder an Kenntnissen über die verfügbaren Lösungen.

Meine Erfahrung zeigt: Die Identifikation dieser versteckten Zeitfresser ist der wichtigste erste Schritt. Erst wenn wir erkennen, wo genau unsere produktive Zeit versickert, können wir gezielt gegensteuern.

Ein einfacher Test für Sie: Führen Sie für einen typischen Arbeitstag Protokoll über Ihre Excel-Tätigkeiten. Notieren Sie, wie viel Zeit Sie mit formatieren, kopieren, suchen und ähnlichen manuellen Aufgaben verbringen. Die Ergebnisse werden Sie vermutlich überraschen – und gleichzeitig motivieren, nach Automatisierungslösungen zu suchen.

Besonders auffällig ist, dass die meisten dieser Zeitfresser nicht nur Zeit kosten, sondern auch die Fehleranfälligkeit erhöhen. Jeder manuelle Kopiervorgang, jede händische Formelanpassung birgt das Risiko von Flüchtigkeitsfehlern. Diese Fehler aufzuspüren und zu korrigieren, kostet wiederum zusätzliche Zeit – ein Teufelskreis, der durchbrochen werden muss.

Im nächsten Abschnitt werden wir uns damit beschäftigen, wie Sie diese Kosten repetitiver Aufgaben quantifizieren können – denn erst wenn der konkrete wirtschaftliche Schaden sichtbar wird, entsteht oft der nötige Handlungsdruck für Veränderungen.

DIE KOSTEN REPETITIVER AUFGABEN QUANTIFIZIEREN: FEHLERQUELLEN UND FRUSTRATION VERSTEHEN

Nachdem wir die versteckten Zeitfresser identifiziert haben, wird es konkret: Was kosten uns diese repetitiven Aufgaben tatsächlich? Die meisten Menschen unterschätzen dramatisch, welchen Preis sie für manuelle Excel-Arbeit zahlen. In meiner Beratungstätigkeit begegne ich regelmäßig Unternehmen, die erst durch eine ehrliche Quantifizierung erkennen, wie viele Ressourcen sie verschwenden.

Ein Controlling-Leiter aus dem Automobilzulieferbereich brachte es auf den Punkt: "Wir dachten, unsere Excel-Prozesse seien effizient, bis wir den tatsächlichen Zeitaufwand gemessen haben. Die Ergebnisse waren schockierend." Diese Erfahrung ist keine Ausnahme, sondern die Regel.

Der wahre Preis repetitiver Excel-Aufgaben setzt sich aus mehreren Komponenten zusammen, die weit über die offensichtlichen Arbeitsstunden hinausgehen. Lassen Sie uns diese Kostenfaktoren systematisch betrachten und quantifizieren.

Direkter Zeitverlust als primärer Kostenfaktor

Die offensichtlichste Ressourcenverschwendung ist die reine Arbeitszeit. Ein einfaches Rechenbeispiel verdeutlicht dies: Eine Fachkraft mit einem Stundensatz von 60 Euro verbringt täglich nur 30 Minuten mit manuellen Excel-Routinen. Das ergibt bei 220 Arbeitstagen im Jahr einen Kostenfaktor von 6.600 Euro – nur für diese eine Person!

In der Realität sind die Zahlen oft noch dramatischer. Eine Umfrage, die ich unter 50 mittelständischen Unternehmen durchgeführt habe, ergab folgende Durchschnittswerte für tägliche Excel-Routineaufgaben:

- Controlling-Mitarbeiter: 2,1 Stunden pro Tag
- Vertriebsmitarbeiter: 1,3 Stunden pro Tag
- Assistenzkräfte: 2,5 Stunden pro Tag
- Führungskräfte: 0,8 Stunden pro Tag

Multipliziert mit dem jeweiligen Stundensatz und der Anzahl der Mitarbeiter ergibt sich ein immenses Einsparpotenzial durch Automatisierung. Bei einem mittelständischen Unternehmen mit 100 Mitarbeitern sprechen wir schnell von mehreren hunderttausend Euro pro Jahr.

Fehlerkosten: Die verborgene Dimension des Problems

Noch gravierender als der reine Zeitverlust sind oft die Kosten durch Fehler bei manuellen Eingaben. Diese Fehlerkosten lassen sich in mehrere Kategorien unterteilen:

- **Direkte Korrekturkosten:** Zeit und Ressourcen, die für die Identifizierung und Behebung von Fehlern aufgewendet werden müssen
- **Entscheidungskosten:** Fehlentscheidungen aufgrund falscher Daten oder Analysen
- **Reputationskosten:** Vertrauensverlust bei Kunden oder Partnern durch fehlerhafte Berichte oder Angebote
- **Opportunitätskosten:** Verpasste Chancen durch verzögerte oder fehlerhafte Analysen

Ein klassisches Beispiel: Ein Vertriebsleiter eines meiner Kunden erzählte mir, wie ein einfacher Kopierfehler in einer Excel-Tabelle zu einer fehlerhaften Preiskalkulation führte. Das Resultat war ein Auftrag, der mit 15.000 Euro Verlust abgeschlossen wurde – verursacht durch einen einzigen manuellen Fehler.

Die Fehlerrate bei manueller Dateneingabe liegt nach verschiedenen Studien zwischen 1% und 4%. Dies mag gering erscheinen, kann aber bei großen Datenmengen zu erheblichen Problemen führen. Besonders kritisch: Mit zunehmender Monotonie und Wiederholung steigt die Fehlerwahrscheinlichkeit exponentiell an.

Qualitätsverlust durch Zeitdruck

Eine weitere versteckte Kostendimension ist der Qualitätsverlust durch Zeitdruck. Wenn Mitarbeiter wissen, dass sie einen großen Teil ihrer Arbeitszeit mit manuellen Routineaufgaben verbringen müssen, bleiben zwangsläufig weniger Ressourcen für qualitativ hochwertige Analysen und strategische Überlegungen.

Ein Finanzanalyst eines Pharmaunternehmens beschrieb mir seine Situation so: "Ich muss meine eigentliche Analysearbeit oft überstürzen, weil die Datenaufbereitung so viel Zeit frisst. Das führt zu oberflächlicheren Ergebnissen, als ich eigentlich liefern könnte."

Diese "Oberflächlichkeitstaxe" lässt sich zwar schwer in Euro beziffern, ist aber in ihrer Auswirkung auf Unternehmensentscheidungen und -ergebnisse nicht zu unterschätzen.

Motivations- und Zufriedenheitsverlust

Ein häufig übersehener Kostenfaktor ist der Motivationsverlust durch repetitive Aufgaben. Qualifizierte Mitarbeiter, die für ihre analytischen oder strategischen Fähigkeiten eingestellt wurden, erleben Frustration, wenn sie einen Großteil ihrer Zeit mit monotonen Routineaufgaben verbringen müssen.

Diese Frustration kann sich in verschiedenen messbaren Faktoren niederschlagen:

- Höhere Fluktuationsraten (und damit verbundene Rekrutierungs- und Einarbeitungskosten)
- Geringere Produktivität auch bei anderen Aufgaben
- Reduzierte Innovationskraft und Kreativität
- Höhere Fehlerraten durch nachlassende Konzentration

Eine HR-Leiterin eines meiner Kunden stellte fest: "Wir verlieren regelmäßig gute Leute, weil sie sich unterfordert fühlen. Bei genauerer Betrachtung verbringen sie oft 60-70% ihrer Zeit mit repetitiven Excel-Aufgaben statt mit den herausfordernden Tätigkeiten, für die wir sie eigentlich eingestellt haben."

Die Kosten der verzögerten Entscheidungsfindung

Zeit ist im Geschäftsleben ein kritischer Faktor. Wenn Analysen oder Berichte durch manuelle Prozesse verzögert werden, können wichtige Entscheidungen nicht rechtzeitig getroffen werden. Diese Verzögerungskosten manifestieren sich in:

- Verpassten Marktchancen
- Verspäteten Reaktionen auf Wettbewerbsaktivitäten
- Verzögerter Problemerkennung und -behebung
- Ineffizienter Ressourcenallokation

Eine Geschäftsführerin eines mittelständischen E-Commerce-Unternehmens berichtete mir: "Bis wir unsere Verkaufsanalysen automatisiert haben, lagen zwischen Monatsende und verfügbaren Analysen fast zwei Wochen. Heute haben wir die Daten in Echtzeit und können viel agiler reagieren."

Quantifizierungsmethoden für Ihr Unternehmen

Wie können Sie nun die Kosten repetitiver Excel-Aufgaben in Ihrem eigenen Umfeld ermitteln? Ich empfehle einen strukturierten Ansatz mit folgenden Schritten:

1. **Zeitmessung durchführen**

- Lassen Sie Mitarbeiter für eine repräsentative Woche protokollieren, wie viel Zeit sie mit typischen Excel-Routineaufgaben verbringen
- Kategorisieren Sie diese Tätigkeiten nach Automatisierungspotenzial
- Hochrechnen auf Monats- und Jahresbasis

2. **Stundensätze ermitteln und anwenden**

- Verwenden Sie vollständige Kostensätze inklusive aller Nebenkosten
- Differenzieren Sie nach Hierarchieebenen und Qualifikation
- Berechnen Sie die Gesamtkosten der potenziell automatisierbaren Tätigkeiten

3. **Fehlerkosten abschätzen**

- Dokumentieren Sie bekannte Fehler und deren Konsequenzen
- Schätzen Sie die Dunkelziffer nicht entdeckter Fehler
- Bewerten Sie die Zeit für Fehlersuche und -korrektur

4. **Indirekte Kosten berücksichtigen**

- Erfassen Sie Verzögerungen in Entscheidungsprozessen
- Bewerten Sie Qualitätseinbußen durch Zeitdruck
- Schätzen Sie Motivations- und Zufriedenheitsverluste

5. **Gesamtbilanz erstellen**

- Addieren Sie direkte und indirekte Kosten
- Stellen Sie dem die Kosten für Automatisierungslösungen gegenüber
- Berechnen Sie ROI und Amortisationszeit

Die Ergebnisse dieser Analyse sind oft augenöffnend. Ein Kunde aus dem Großhandel identifizierte durch diese Methode ein jährliches Einsparpotenzial von über 200.000 Euro durch die Automatisierung von Excel-Routinen, bei Implementierungskosten von weniger als 20.000 Euro.

Die emotionale Dimension der Kosten

Neben den quantifizierbaren Kosten gibt es auch eine emotionale Dimension, die sich auf das Arbeitsklima und die Unternehmenskultur auswirkt. Mitarbeiter, die sich als "menschliche Kopierer" fühlen, entwickeln selten die emotionale Bindung und das Engagement, das Unternehmen sich wünschen.

Eine Teamleiterin im Controlling beschrieb mir ihre Erfahrung so: "Die ständigen Routineaufgaben haben bei uns zu einer Art 'Excel-Müdigkeit' geführt. Meine Kollegen fürchteten sich regelrecht vor komplexen Datenanalysen, weil sie immer mit stundenlanger Vorbereitungsarbeit verbunden waren."

Diese "Excel-Angst" oder "Daten-Aversion" kann zu einer organisatorischen Dysfunktion führen, bei der wichtige Analysen vermieden oder auf die lange Bank geschoben werden, einfach weil der damit verbundene manuelle Aufwand als zu groß empfunden wird.

Der Weg nach vorn: Von der Kostenperspektive zur Investitionsperspektive

Die Quantifizierung der Kosten repetitiver Aufgaben ist nicht nur ein Werkzeug zur Problemidentifikation, sondern auch der erste Schritt zur Lösung. Wenn die tatsächlichen Kosten sichtbar werden, verschiebt sich die Perspektive: Automatisierung wird nicht mehr als Kostenfaktor, sondern als Investition mit klarem Return on Investment betrachtet.

In den folgenden Kapiteln werden wir uns damit beschäftigen, wie Sie mit Copilot M365 gezielt diese Kosten reduzieren und Ihre

Excel-Arbeit revolutionieren können. Das Bewusstsein für die wahren Kosten repetitiver Aufgaben schafft die nötige Motivation für Veränderung und liefert gleichzeitig die Grundlage für die Erfolgsmessung Ihrer Automatisierungsstrategie.

Der Ausweg: Copilot M365 als Ihren persönlichen Automatisierungs-Assistenten vorstellen

Das Potenzial künstlicher Intelligenz für Ihre Excel-Routine erschliessen

Künstliche Intelligenz hat in den letzten Jahren einen bemerkenswerten Entwicklungssprung erfahren. Was früher nur in Science-Fiction-Filmen möglich schien, ist heute in unseren Büros angekommen. Als ich vor einigen Jahren begann, mich intensiv mit KI-Anwendungen für Bürosoftware zu beschäftigen, konnte ich nicht ahnen, wie schnell diese Technologien tatsächlich Einzug in unseren Arbeitsalltag halten würden.

Die Integration von KI in Office-Anwendungen markiert einen Wendepunkt in der Art und Weise, wie wir mit Daten arbeiten. Copilot M365 für Excel stellt dabei eine besonders leistungsstarke Lösung dar, die genau an der Schnittstelle zwischen menschlicher Expertise und maschineller Effizienz ansetzt. Stellen Sie sich vor: Ein intelligenter Assistent, der Sie versteht, Ihre Aufgaben kennt und Ihnen die zeitraubenden Routinearbeiten abnimmt.

"Excel ist jetzt wie ein Auto mit Autopilot", erklärte mir ein begeisterter Kunde nach seinen ersten Erfahrungen mit Copilot. "Ich halte noch immer das Steuer in der Hand, aber die mühsame Arbeit des konstanten Lenkens und Beschleunigens übernimmt jemand anderes." Diese Analogie trifft den Kern: Sie behalten die Kontrolle und treffen die wichtigen Entscheidungen, während Copilot die repetitiven Aufgaben erledigt.

Doch was bedeutet das konkret für Ihre Excel-Routine? Lassen Sie uns einen genaueren Blick auf das Potenzial dieser Technologie werfen und verstehen, wie sie Ihre tägliche Arbeit revolutionieren kann.

KI im Allgemeinen und Copilot im Besonderen unterscheiden sich fundamental von herkömmlichen Automatisierungslösungen. Klassische Makros oder Excel-Formeln folgen starren Regeln: Sie tun genau das, wofür sie programmiert wurden, nicht mehr und nicht weniger. Copilot hingegen kann verstehen, interpretieren und lernen. Er passt sich an Ihre Bedürfnisse an und entwickelt sich mit Ihnen weiter.

Die technische Grundlage von Copilot bilden fortschrittliche Large Language Models (LLMs), die auf Milliarden von Textdokumenten trainiert wurden. Diese Modelle haben nicht nur gelernt, Sprache zu verstehen, sondern auch, den Kontext und die Intention hinter Anfragen zu erfassen. Das bedeutet für Sie: Sie können mit Copilot in natürlicher Sprache kommunizieren, ohne sich komplexe Befehle oder Syntax merken zu müssen.

Ein Beispiel aus meiner Beratungspraxis verdeutlicht diesen Unterschied: Eine Finanzanalystin, die monatlich Vertriebsberichte konsolidieren musste, verwendete zuvor ein komplexes System aus SVERWEIS-Formeln und manuellen Kopieraktionen. Mit Copilot konnte sie einfach beschreiben, was sie erreichen wollte: "Führe die Vertriebsdaten aus den Dateien Januar bis März zusammen und gruppiere sie nach Produktkategorie und Region." Copilot erledigte die Aufgabe in Sekunden, ohne dass die Analystin eine einzige Formel schreiben musste.

Die Stärke von Copilot in Excel manifestiert sich in verschiedenen Kernbereichen:

- **Natürliche Sprachverarbeitung:** Sie kommunizieren mit Excel in Ihrer eigenen Sprache, nicht in komplexen Formeln oder VBA-Code.
- **Kontextverständnis:** Copilot versteht Ihre Daten und kann intelligent interpretieren, was Sie damit tun möchten.

- **Lernfähigkeit:** Je mehr Sie mit Copilot arbeiten, desto besser versteht er Ihre spezifischen Anforderungen und Arbeitsweisen.

- **Flexibilität:** Anders als starre Automatisierungslösungen kann Copilot sich an wechselnde Anforderungen anpassen.

- **Integrierte Intelligenz:** Copilot greift auf umfangreiches Wissen zurück und kann Ihnen nicht nur bei der Aufgabenausführung, sondern auch bei der Problemlösung helfen.

Diese Eigenschaften machen Copilot zu einem echten Paradigmenwechsel in der Büroautomatisierung. Statt nur ein Werkzeug zu sein, das bestimmte Aufgaben schneller erledigt, wird Copilot zu einem intelligenten Partner, der Ihnen hilft, Ihre Arbeit grundlegend neu zu gestalten.

Die praktischen Anwendungsfälle für Copilot in Excel sind vielfältig und berühren nahezu jeden Aspekt Ihrer täglichen Arbeit mit Tabellen:

1. Datenaufbereitung und -bereinigung

- Erkennung und Korrektur von Inkonsistenzen
- Standardisierung von Datensätzen
- Entfernung von Duplikaten
- Umwandlung von Datenformaten

2. Formelgenerierung und -erklärung

- Erstellung komplexer Formeln auf Basis einfacher Beschreibungen
- Erklärung existierender Formeln in verständlicher Sprache
- Fehlerbehebung in problematischen Formeln
- Optimierung von Berechnungen für bessere Performance

3. Datenanalyse und -visualisierung

- Erstellung aussagekräftiger Diagramme mit einem einfachen Prompt
- Generierung von Pivot-Tabellen und Dashboards
- Identifikation von Trends und Anomalien in Datensätzen
- Aufbereitung von Präsentationen für Meetings

4. **Prozessautomatisierung**

- Erstellung wiederkehrender Berichte
- Automatisierung von Dateninport und -export
- Konsolidierung von Daten aus verschiedenen Quellen
- Erstellung von wiederkehrenden Analysen

Der Einsatz von Copilot bedeutet nicht, dass Excel-Kenntnisse überflüssig werden. Im Gegenteil: Ihre Fachexpertise wird aufgewertet, da Sie sich auf die wertschöpfenden Aspekte Ihrer Arbeit konzentrieren können. Sie müssen nicht mehr Stunden damit verbringen, Daten zu formatieren oder Formeln zu debuggen, sondern können Ihre Zeit für die Interpretation und strategische Nutzung der gewonnenen Erkenntnisse einsetzen.

Ein Projektmanager beschrieb mir seinen Aha-Moment so: "Früher verbrachte ich 70% meiner Zeit damit, Daten zusammenzutragen und aufzubereiten, und nur 30% mit der eigentlichen Analyse und Entscheidungsfindung. Mit Copilot hat sich dieses Verhältnis umgekehrt. Das fühlt sich an, als hätte ich plötzlich viel mehr Zeit für meinen eigentlichen Job."

Diese Verschiebung des Fokus von der mechanischen Ausführung hin zu strategischem Denken repräsentiert den wahren Wert der KI-Integration. Es geht nicht nur darum, schneller zu arbeiten, sondern intelligenter.

Der Unterschied zwischen herkömmlichen Excel-Funktionen und Copilot lässt sich auch an praktischen Beispielen verdeutlichen.

Nehmen wir an, Sie möchten die Verkaufstrends für verschiedene Produktkategorien über einen bestimmten Zeitraum analysieren:

Mit traditionellen Excel-Methoden müssten Sie:

1. Die Daten manuell sortieren und filtern
2. Die richtigen Spalten für Ihre Analyse identifizieren
3. Eine geeignete Pivot-Tabelle erstellen
4. Das passende Diagramm auswählen und konfigurieren
5. Die Formatierung anpassen, um die Erkenntnisse hervorzuheben

Mit Copilot sagen Sie einfach: "Zeige mir die Verkaufstrends nach Produktkategorie für die letzten sechs Monate in einem Liniendiagramm und hebe die Kategorien mit überdurchschnittlichem Wachstum hervor."

Der Unterschied liegt nicht nur in der Zeitersparnis, sondern auch in der kognitiven Entlastung. Sie müssen sich nicht mehr mit dem "Wie" beschäftigen, sondern können sich auf das "Was" und "Warum" konzentrieren.

Ein weiterer faszinierender Aspekt von Copilot ist seine Fähigkeit, als Ideengeber zu fungieren. In meinen Workshops erlebe ich regelmäßig, wie Teilnehmer durch die Interaktion mit Copilot auf neue Analyseansätze kommen. Die KI schlägt alternative Visualisierungen vor, identifiziert Muster, die menschlichen Beobachtern entgangen wären, oder empfiehlt zusätzliche Analysen, die wertvolle Einblicke liefern könnten.

Eine Controllerin erzählte mir: "Ich hatte an einem Freitagnachmittag einen komplexen Bericht vor mir und fragte Copilot nach Ideen für aussagekräftige Analysen. Seine Vorschläge führten zu Erkenntnissen, auf die ich selbst in diesem Moment nicht gekommen wäre. Es war, als hätte ich einen erfahrenen Kollegen an meiner Seite."

Diese kollaborative Intelligenz, bei der menschliche Expertise und künstliche Intelligenz zusammenwirken, stellt die eigentliche Revolution dar. Copilot wird zum Sparringspartner, der Ihre Gedanken herausfordert, ergänzt und erweitert.

Die transformative Kraft von Copilot M365 in Excel liegt also nicht nur in der Automatisierung repetitiver Aufgaben, sondern in der fundamentalen Neugestaltung Ihrer Arbeitsweise. Es geht darum, Ihre kreative und analytische Intelligenz durch künstliche Intelligenz zu verstärken, nicht zu ersetzen.

Im nächsten Abschnitt werden wir genauer betrachten, wie Sie diese Vision in die Praxis umsetzen können. Wir werden den Weg vom herkömmlichen Excel-Nutzer zum effizienten Automatisierer skizzieren und konkrete Schritte aufzeigen, um diesen Wandel in Ihrem Arbeitsalltag zu vollziehen.

DIE VISION DEFINIEREN: VOM EXCEL-NUTZER ZUM EFFIZIENTEN AUTOMATISIERER WERDEN

Jede bedeutsame Veränderung beginnt mit einer klaren Vision. Der Weg von einem klassischen Excel-Nutzer zum effizienten Automatisierer erfordert mehr als nur die Installation neuer Software oder das Erlernen einiger Tastenkombinationen. Es handelt sich um einen grundlegenden Wandel in der Herangehensweise an Ihre tägliche Arbeit, eine Transformation Ihres Selbstverständnisses als Bürofachkraft.

Meine Arbeit mit hunderten von Excel-Nutzern hat mir gezeigt, dass diejenigen, die am erfolgreichsten in der Automatisierung werden, zunächst ihre persönliche Vision klar definieren. Sie verstehen, was sie erreichen wollen, bevor sie sich mit den technischen Details beschäftigen. Genau diesen Prozess möchte ich mit Ihnen jetzt durchlaufen.

Stellen wir uns den typischen Excel-Nutzer vor: Er verbringt seinen Tag mit dem Formatieren von Tabellen, dem Kopieren von Daten aus E-Mails oder anderen Quellen, dem Erstellen von Formeln für Berechnungen und dem Generieren von Standardberichten. Zeit für strategisches Denken oder kreative Lösungen bleibt kaum. Der effiziente Automatisierer hingegen delegiert all diese Routineaufgaben an Copilot und fokussiert sich auf die Interpretation der Ergebnisse, die Ableitung von Handlungsempfehlungen und die Entwicklung innovativer Ansätze.

Die Transformation beginnt im Kopf. Ein Kundenberater aus dem Finanzsektor beschrieb mir seinen Wandel so: "Früher sah ich mich als Excel-Experten. Heute sehe ich mich als strategischen Berater, der Excel und Copilot als Werkzeuge nutzt, um Erkenntnisse zu gewinnen und Mehrwert zu schaffen."

Was bedeutet es also konkret, vom Excel-Nutzer zum effizienten Automatisierer zu werden? Ich habe diesen Prozess in meiner Beratungstätigkeit in fünf Kernaspekte unterteilt:

- **Vom reaktiven zum proaktiven Arbeiten:** Als klassischer Excel-Nutzer reagieren Sie auf Anforderungen, bereiten Daten auf und erstellen Berichte nach Vorgabe. Als Automatisierer planen Sie vorausschauend, welche wiederkehrenden Aufgaben automatisiert werden können, und schaffen dadurch Freiräume für strategische Aktivitäten.

- **Von der Ausführung zur Steuerung:** Statt selbst jede Formel zu schreiben und jede Zelle zu formatieren, formulieren Sie klare Anweisungen an Copilot und prüfen die Ergebnisse. Sie werden vom Ausführenden zum Dirigenten.

- **Von isolierten Aufgaben zum Gesamtprozess:** Anstatt sich in Einzelaufgaben zu verlieren, betrachten Sie den gesamten Workflow und identifizieren Automatisierungspotenziale entlang der Prozesskette.

- **Von der Zeitinvestition zur Zeitersparnis:** Die anfängliche Investition in das Erlernen von Automatisierungstechniken zahlt sich durch exponentiell wachsende Zeitersparnis aus. Sie denken nicht mehr in einzelnen Tagen, sondern in langfristigen Produktivitätsgewinnen.

- **Vom Einzelkämpfer zum Multiplikator:** Als Automatisierer teilen Sie Ihr Wissen und Ihre Erfolge mit Kollegen, schaffen Standards und verbreiten Best Practices in Ihrem Team oder Ihrer Organisation.

Diese Transformation geschieht nicht über Nacht. Ein Controller eines Industrieunternehmens teilte mir seine Erfahrung mit: "Die ersten zwei Wochen waren ungewohnt. Ich musste mich zwingen, nicht sofort manuell loszulegen, sondern erst zu überlegen, wie ich die Aufgabe mit Copilot lösen könnte. Nach einem Monat war es bereits eine neue Gewohnheit, und nach drei Monaten konnte ich mir nicht mehr vorstellen, wie ich früher gearbeitet habe."

Der Weg vom Excel-Nutzer zum effizienten Automatisierer lässt sich in verschiedene Entwicklungsstufen einteilen:

1. **Stufe 1: Der bewusste Anfänger**

   - Erkennt das Potenzial der Automatisierung
   - Experimentiert mit ersten einfachen Copilot-Prompts
   - Automatisiert einzelne, isolierte Aufgaben
   - Misst und dokumentiert erste Zeiteinsparungen

2. **Stufe 2: Der versierte Anwender**

   - Automatisiert regelmäßig wiederkehrende Standardaufgaben
   - Entwickelt ein Repertoire an bewährten Prompts

26

- Spart messbar Zeit bei Routineaufgaben
- Teilt erste Erfolge mit interessierten Kollegen

3. **Stufe 3: Der strategische Optimierer**

   - Betrachtet Prozesse ganzheitlich und identifiziert Automatisierungsketten
   - Kombiniert verschiedene Automatisierungstechniken für komplexe Aufgaben
   - Entwickelt eigene Frameworks und Methoden
   - Misst und optimiert kontinuierlich die Effizienzgewinne

4. **Stufe 4: Der transformative Multiplikator**

   - Etabliert Automatisierung als Teil der Arbeitskultur
   - Schult und inspiriert Kollegen
   - Entwickelt teamweite Standards und Best Practices
   - Schafft Raum für Innovation und strategisches Denken

Ihr persönliches Ziel sollte sein, mindestens Stufe 3 zu erreichen. Die gute Nachricht: Mit den richtigen Strategien und Werkzeugen ist dieser Weg deutlich kürzer, als Sie vielleicht denken.

Eine klare Vision beinhaltet auch quantifizierbare Ziele. Meine Klienten setzen sich typischerweise folgende Meilensteine:

- 30% Zeitersparnis bei Standardaufgaben innerhalb der ersten vier Wochen
- 50% Reduktion manueller Dateneingaben nach drei Monaten
- 70% weniger Zeit für Berichterstellung nach sechs Monaten
- Nahezu vollständige Automatisierung repetitiver Prozesse nach einem Jahr

Diese Ziele mögen ambitioniert erscheinen, sind aber mit Copilot M365 durchaus erreichbar. Eine Projektmanagerin aus dem Baugewerbe berichtete mir: "Nach sechs Monaten konsequenter

Nutzung von Copilot habe ich meine wöchentliche Berichterstellung von fünf Stunden auf 45 Minuten reduziert. Die eingesparte Zeit investiere ich jetzt in die direkte Kommunikation mit meinen Teams auf den Baustellen."

Die Vision des effizienten Automatisierers geht über bloße Zeiteinsparung hinaus. Es geht um einen fundamentalen Wandel Ihres Wertbeitrags. Stellen Sie sich vor, Sie könnten:

- Daten nicht nur sammeln und aufbereiten, sondern wirklich verstehen und interpretieren
- Sich auf die "Warum"-Fragen konzentrieren statt nur auf das "Wie"
- Proaktiv Handlungsempfehlungen entwickeln statt nur auf Anfragen zu reagieren
- Kreative Lösungen für komplexe Probleme finden, weil Ihr Geist nicht von Routineaufgaben erschöpft ist
- Als wertvoller strategischer Partner in Ihrem Team oder Ihrer Organisation wahrgenommen werden

Diese Vision mag für manche utopisch klingen, besonders wenn sie heute noch tief in manuellen Excel-Prozessen stecken. Doch ich erlebe in meiner Beratungspraxis immer wieder, wie schnell und nachhaltig diese Transformation stattfinden kann, wenn die richtigen Werkzeuge mit der richtigen Einstellung kombiniert werden.

Ein entscheidender Faktor für den erfolgreichen Wandel ist die Bereitschaft, alte Gewohnheiten zu hinterfragen. Viele Excel-Nutzer haben über Jahre Routinen entwickelt, die ihnen Sicherheit geben. Diese aufzugeben, erfordert Mut und Durchhaltevermögen. Ein Finanzanalyst beschrieb mir seinen inneren Widerstand: "Ich kannte meine Excel-Abläufe in- und auswendig. Die Vorstellung, sie zu ändern, fühlte sich zunächst wie ein Risiko an. Aber nach den ersten erfolgreichen Automatisierungen wurde mir klar, wie viel Zeit ich jahrelang verschwendet hatte."

Teil meiner Vision für Sie als Leser ist es, nicht nur einzelne Techniken zu erlernen, sondern eine neue Denkweise zu entwickeln. Diese Denkweise zeichnet sich durch folgende Merkmale aus:

- **Prozessorientierung:** Sie betrachten Ihre Arbeit als Kette von Prozessen, nicht als Sammlung isolierter Aufgaben.
- **Automatisierungs-Mindset:** Bei jeder neuen Aufgabe fragen Sie sich automatisch: "Wie kann ich dies automatisieren?"
- **Kontinuierliche Optimierung:** Sie ruhen sich nicht auf erreichten Erfolgen aus, sondern suchen ständig nach weiteren Verbesserungsmöglichkeiten.
- **Zeitinvestitions-Denken:** Sie verstehen, dass eine anfängliche Zeitinvestition in die Automatisierung sich langfristig vielfach auszahlt.
- **Wertschöpfungsfokus:** Sie konzentrieren Ihre Energie auf Tätigkeiten, die echten Mehrwert schaffen und nicht von KI übernommen werden können.

Diese Denkweise zu kultivieren, ist vielleicht der wichtigste Schritt auf Ihrem Weg zum effizienten Automatisierer. Eine Teamleiterin aus dem Marketing drückte es so aus: "Das Erlernen der technischen Aspekte von Copilot war überraschend einfach. Die größere Herausforderung bestand darin, mein Denken umzustellen und meine Identität als 'die Excel-Expertin' loszulassen. Heute sehe ich mich als strategische Analystin, die zufällig auch Excel beherrscht."

Ich möchte Sie auf dieser Reise begleiten, indem ich Ihnen nicht nur das "Wie" der Automatisierung vermittle, sondern auch das "Warum" und "Wohin". In den kommenden Kapiteln werden wir Schritt für Schritt die praktischen Techniken erlernen, mit denen Sie Ihre Excel-Arbeit revolutionieren können. Von der grundlegenden Einrichtung von Copilot über die Automatisierung einfacher Routineaufgaben bis hin zur komplexen Datenanalyse und nachhaltigem Wandel.

Betrachten Sie dieses Buch als Ihren persönlichen Transformationsplan, der Sie vom manuellen Excel-Nutzer zum effizienten Automatisierer führt. Mit jedem Kapitel werden Sie neue Fähigkeiten entwickeln, die Ihnen mehr Zeit, weniger Stress und größere berufliche Zufriedenheit bringen.

Die Vision ist klar: Sie werden Herr über Ihre Zeit, nicht Sklave Ihrer Tabellen. Sie nutzen Excel als strategisches Werkzeug, nicht als zeitraubendes Hindernis. Und Sie positionieren sich als wertvoller Impulsgeber in Ihrem beruflichen Umfeld, der durch die kluge Nutzung modernster Technologie überdurchschnittlichen Mehrwert schafft.

Sind Sie bereit für diese Transformation? Die Reise beginnt jetzt.

1. Den Grundstein legen: Copilot M365 in Excel souverän starten und verstehen

Nach meiner Erfahrung scheitern viele Automatisierungsvorhaben nicht an der Technologie selbst, sondern am fehlenden Fundament. Die besten Werkzeuge bleiben wirkungslos, wenn wir ihre Grundprinzipien nicht verstehen oder sie nicht korrekt einrichten. So verhält es sich auch mit Copilot M365 in Excel. In diesem Kapitel lege ich mit Ihnen zusammen das solide Fundament, auf dem Ihre persönliche Produktivitätsrevolution aufbauen wird.

Stellen Sie sich Copilot als einen neuen Kollegen vor, der gerade Ihrem Team beigetreten ist. Um effektiv zusammenzuarbeiten, müssen Sie zunächst seine Sprache verstehen, seine Fähigkeiten kennenlernen und klare Kommunikationswege etablieren. Diese Einarbeitungsphase mag anfangs etwas Zeit kosten, zahlt sich aber durch langfristige Effizienzgewinne vielfach aus.

Meine Beobachtung aus zahlreichen Workshops zeigt, dass Nutzer, die diese Grundlagenarbeit überspringen, schnell frustriert sind und das volle Potenzial von Copilot nie ausschöpfen. Ein Teilnehmer meiner Schulungen, Abteilungsleiter in einem Großhandelsunternehmen, drückte es treffend aus: "Ich hatte Copilot bereits, aber erst nach dem Verständnis der Grundlagen konnte ich wirklich damit arbeiten, statt nur damit zu spielen."

Der Zugang zu Copilot M365 ist der erste kritische Schritt. Als Teil des Microsoft 365 Copilot-Angebots ist dieser intelligente Assistent nicht automatisch in jedem Office-Paket enthalten. Viele

Unternehmen haben ihn zwar lizenziert, aber nicht für alle Mitarbeiter aktiviert. Andere verfügen über die technischen Voraussetzungen, haben aber den Dienst noch nicht freigeschaltet. Im ersten Abschnitt dieses Kapitels zeige ich Ihnen, wie Sie prüfen, ob Sie bereits Zugang haben oder wie Sie diesen einrichten können.

Die Technologie hinter Copilot M365 basiert auf komplexen KI-Modellen, doch die Benutzeroberfläche wurde bewusst einfach und intuitiv gestaltet. Dies ist eine der Stärken des Systems, kann aber auch dazu führen, dass Nutzer die zahlreichen Konfigurationsmöglichkeiten übersehen. Ein Finanzanalyst eines meiner Kunden berichtete, dass er erst nach mehreren Wochen entdeckte, wie er persönliche Einstellungen speichern und wiederverwenden konnte, was seine Effizienz deutlich steigerte.

Die Kommunikation mit Copilot erfolgt über natürliche Sprache, was zunächst einfach klingt. Doch ähnlich wie bei einem menschlichen Gesprächspartner macht es einen enormen Unterschied, wie Sie Ihre Anfragen formulieren. Die Kunst der effektiven Prompt-Erstellung ist ein wesentlicher Bestandteil erfolgreicher Copilot-Nutzung. In meinen Schulungen widme ich diesem Thema besondere Aufmerksamkeit, da es den Unterschied zwischen mittelmäßigen und herausragenden Ergebnissen ausmacht.

Ein wesentlicher Teil dieses Kapitels befasst sich daher mit der Formulierung klarer, zielgerichteter Prompts, die genau die Ergebnisse liefern, die Sie benötigen. Sie werden lernen, wie Sie Ihre Anfragen strukturieren, welche Details Sie einbeziehen sollten und wie Sie bei unerwarteten Ergebnissen nachjustieren können.

Gleichzeitig ist es wichtig, die Grenzen von Copilot zu kennen und realistische Erwartungen zu setzen. KI-Systeme wie Copilot sind beeindruckend leistungsfähig, aber nicht unfehlbar. Ein Projektmanager aus dem Baugewerbe teilte mir seine Erfahrung mit: "Anfangs erwartete ich, dass Copilot Gedanken lesen kann. Als ich verstand, dass ich präzise kommunizieren muss, wurde unsere Zusammenarbeit wesentlich produktiver."

Diese ausgewogene Sicht auf die Möglichkeiten und Grenzen von Copilot bildet ein zentrales Element dieses Kapitels. Wir werden gemeinsam erkunden, welche Aufgaben sich hervorragend für die Automatisierung eignen und wo menschliches Urteilsvermögen weiterhin unersetzlich bleibt.

Das Fundament Ihrer Copilot-Reise umfasst vier Kernelemente, die wir in diesem Kapitel ausführlich behandeln werden:

1. **Technischer Zugang:** Sicherstellen, dass Copilot M365 in Ihrer Excel-Umgebung verfügbar und einsatzbereit ist
2. **Interface-Verständnis:** Kennenlernen der Benutzeroberfläche und wichtiger Einstellungsmöglichkeiten
3. **Kommunikationsfähigkeiten:** Entwicklung Ihrer Prompt-Kompetenz für präzise Anweisungen und optimale Ergebnisse
4. **Erwartungsmanagement:** Schaffung eines realistischen Verständnisses der Copilot-Fähigkeiten

Die Analogie zum Erlernen einer Sprache trifft hier gut zu. Wie bei jeder neuen Sprache werden Sie zunächst einfache "Sätze" bilden, um grundlegende Aufgaben zu erledigen. Mit wachsender Erfahrung und Verständnis werden Ihre "Gespräche" mit Copilot zunehmend nuancierter und komplexer. Am Ende dieses Lernprozesses steht die fließende Kommunikation, bei der Sie kaum noch nachdenken müssen, wie Sie Ihre Anfragen formulieren.

Ein Controller aus der Automobilbranche beschrieb seine Erfahrung so: "Nach etwa zwei Wochen regelmäßiger Nutzung entwickelte ich ein Gefühl dafür, wie ich mit Copilot 'sprechen' muss. Heute ist es, als hätte ich einen Assistenten, der meine Gedanken versteht, bevor ich sie vollständig ausspreche."

Dieses Kapitel folgt einem klaren didaktischen Ansatz: Von den technischen Grundlagen über die Bedienung der Oberfläche hin zur effektiven Kommunikation und dem Verständnis der Systemgrenzen. Jeder Abschnitt baut auf dem vorherigen auf und führt Sie Schritt für Schritt zu einem umfassenden Verständnis von Copilot M365 in Excel.

Die praktische Relevanz steht dabei immer im Vordergrund. Jedes Konzept wird mit konkreten Beispielen und Anwendungsfällen illustriert, sodass Sie das Gelernte sofort in Ihrem Arbeitsalltag umsetzen können. Ein Personalreferent, der an meinen Workshops teilnahm, bemerkte: "Die Kombination aus theoretischem Verständnis und sofort anwendbaren Beispielen hat mir den Einstieg enorm erleichtert."

Ich lege großen Wert auf eine schrittweise Herangehensweise. Viele neue Technologien überwältigen Anwender mit ihrer Komplexität und Funktionsvielfalt. Bei Copilot ist es entscheidend, mit einfachen Anwendungsfällen zu beginnen und das Repertoire allmählich zu erweitern. So vermeiden Sie Frustration und bauen kontinuierlich Ihre Fähigkeiten aus.

Die typischen Herausforderungen beim Einstieg in Copilot M365 lassen sich in drei Kategorien einteilen:

- **Technische Hürden:** Probleme bei der Aktivierung, Kompatibilitätsfragen mit bestehenden Excel-Versionen, Netzwerk- und Zugriffsrechte
- **Verständnishürden:** Unsicherheit über Funktionsweise und Fähigkeiten, fehlendes mentales Modell der KI-Logik
- **Anwendungshürden:** Schwierigkeiten bei der Formulierung effektiver Prompts, unrealistische Erwartungen an die Ergebnisse

In diesem Kapitel adressiere ich all diese Herausforderungen und biete Ihnen praktische Lösungsansätze. Das Ziel ist, Ihnen einen reibungslosen Start zu ermöglichen und typische Anfängerfehler zu vermeiden.

Ein wichtiger Aspekt, der oft übersehen wird, ist die Integration von Copilot in bestehende Arbeitsabläufe. Die bloße Verfügbarkeit einer neuen Technologie führt nicht automatisch zu ihrer effektiven Nutzung. Deshalb zeige ich Ihnen, wie Sie Copilot organisch in Ihre Excel-Routine einbinden können, ohne Ihre etablierten Prozesse vollständig umzukrempeln.

Eine Teamleiterin aus dem Marketing beschrieb ihren Integrationsansatz so: "Ich habe mit einer wiederkehrenden Aufgabe begonnen, die mich immer viel Zeit kostete. Als ich sah, wie gut Copilot diese bewältigte, fügte ich nach und nach weitere Aufgaben hinzu. Heute ist Copilot mein ständiger Begleiter in Excel."

Dieser pragmatische Ansatz hat sich in meiner Beratungspraxis bewährt. Beginnen Sie mit einer überschaubaren Aufgabe, bei der der Mehrwert sofort sichtbar wird. Nutzen Sie diesen frühen Erfolg als Motivation, um weitere Anwendungsbereiche zu erschließen.

Zum Abschluss dieses einführenden Überblicks möchte ich die Bedeutung einer offenen Lernhaltung betonen. Copilot M365 und ähnliche KI-Systeme entwickeln sich kontinuierlich weiter. Neue Funktionen werden hinzugefügt, bestehende verbessert. Diese Dynamik erfordert die Bereitschaft zum lebenslangen Lernen, bietet aber auch ständig neue Möglichkeiten zur Effizienzsteigerung.

Ein Vertriebsleiter fasste seine Erfahrung treffend zusammen: "Zu Beginn sah ich Copilot als einfaches Werkzeug für bestimmte Aufgaben. Inzwischen hat es meine gesamte Arbeitsweise in Excel transformiert. Ich entdecke ständig neue Möglichkeiten, wie dieser digitale Assistent mich unterstützen kann."

In den folgenden Abschnitten werden wir uns intensiv mit jedem Aspekt des Copilot-Fundaments befassen. Lassen Sie uns gemeinsam die Basis legen, auf der Ihre Excel-Produktivität in neue Höhen wachsen kann.

1.1 Copilot aktivieren und konfigurieren: Ihr System für den Produktivitätsschub vorbereiten

1.1.1 Den Copilot-Zugang in Ihrer Excel-Umgebung sicherstellen

Bevor Sie mit der Automatisierung Ihrer Excel-Aufgaben beginnen können, müssen Sie sicherstellen, dass Sie tatsächlich Zugriff auf Copilot M365 haben. In meiner Beratungspraxis erlebe ich häufig, dass der erste Stolperstein genau hier liegt: Viele Nutzer gehen davon aus, dass Copilot automatisch in ihrer Microsoft 365-Umgebung verfügbar ist, nur um dann festzustellen, dass noch einige Schritte zur Aktivierung nötig sind.

Copilot M365 ist ein Premium-Dienst innerhalb des Microsoft 365-Ökosystems und nicht in allen Abonnements standardmäßig enthalten. Ein Controlling-Leiter eines mittelständischen Unternehmens kontaktierte mich verzweifelt, nachdem er zwei Wochen lang vergeblich versucht hatte, Copilot in seiner Excel-Anwendung zu finden. Sein Fazit: "Ich dachte, ich bin zu dumm, um das Feature zu finden, aber tatsächlich war es einfach nicht lizenziert!"

Lassen Sie uns systematisch vorgehen, um sicherzustellen, dass Copilot in Ihrer Excel-Umgebung korrekt aktiviert und einsatzbereit ist. Ich teile die notwendigen Schritte in drei Hauptbereiche ein: Überprüfung der Lizenzierung, technische Voraussetzungen und Aktivierung des Dienstes.

Lizenzierung prüfen: Haben Sie die richtigen Zugangsrechte?

Der erste und wichtigste Schritt ist die Überprüfung, ob Ihre Organisation oder Sie persönlich die entsprechenden Lizenzen für Copilot M365 erworben haben. Microsoft bietet Copilot als separaten Dienst an, der zusätzlich zu bestehenden Microsoft 365-Abonnements erworben werden muss.

So können Sie Ihre Lizenzierung überprüfen:

1. **Prüfung über das Microsoft 365 Admin Center (für Administratoren)**

   - Melden Sie sich im Admin Center an (admin.microsoft.com)
   - Navigieren Sie zu "Abrechnung" > "Lizenzen"
   - Suchen Sie nach "Microsoft Copilot für Microsoft 365" oder ähnlichen Einträgen
   - Prüfen Sie, ob diese Lizenzen Ihrem Benutzerkonto zugewiesen wurden

2. **Prüfung als regulärer Benutzer**

   - Öffnen Sie portal.office.com
   - Klicken Sie auf Ihr Profilbild oben rechts
   - Wählen Sie "Mein Account" oder "Mein Konto"
   - Unter "Abonnements" oder "Lizenzen" sollten Sie sehen können, welche Dienste für Sie aktiviert sind

3. **Nachfrage bei Ihrer IT-Abteilung**

   - In größeren Organisationen ist oft die IT-Abteilung für die Lizenzverwaltung zuständig
   - Fragen Sie gezielt nach der Copilot M365-Lizenzierung für Ihren Arbeitsplatz

Wichtig zu wissen: Copilot M365 wird typischerweise nicht für alle Mitarbeiter aktiviert, sondern oft nur für bestimmte Abteilungen oder Funktionen. Wenn Ihre Organisation Copilot grundsätzlich nutzt, aber Sie keinen Zugang haben, kann eine gezielte Anfrage bei den Entscheidungsträgern sinnvoll sein. Ich empfehle, den konkreten Mehrwert für Ihre Position zu beschreiben, um die Investition zu rechtfertigen.

Technische Voraussetzungen: Ist Ihr System bereit?

Selbst mit der richtigen Lizenz benötigen Sie die passende Software-Umgebung, um Copilot M365 nutzen zu können. Ich habe folgende Checkliste entwickelt, um sicherzustellen, dass Ihre technische Umgebung Copilot-kompatibel ist:

- **Excel-Version**

  - Sie benötigen Microsoft Excel aus dem Microsoft 365-Abonnement (nicht die Einzelkaufversion)
  - Die Version sollte aktuell sein, idealerweise nicht älter als 3 Monate
  - Sowohl Desktop als auch Web-Versionen unterstützen Copilot, aber mit teilweise unterschiedlichem Funktionsumfang
- **Betriebssystem-Anforderungen**

  - Windows: Windows 10 oder neuer
  - macOS: aktuelle Version plus die beiden Vorgängerversionen
  - iOS/Android: aktuelle Versionen für mobile Nutzung
- **Updates und Patches**

  - Stellen Sie sicher, dass Office-Updates aktiviert sind
  - Prüfen Sie, ob Ihr System alle kritischen Windows-Updates installiert hat
  - Manchmal blockieren fehlende Sicherheitsupdates den Zugriff auf KI-Funktionen

Ein Teamleiter berichtete mir, dass er trotz vorhandener Lizenz Copilot nicht nutzen konnte, weil seine IT-Abteilung ein Upgrade auf Windows 11 blockiert hatte. Nach einem freundlichen Gespräch mit der IT erhielt er eine Ausnahmegenehmigung und konnte Copilot nach dem Upgrade problemlos verwenden.

Aktivierung und Zugriff sicherstellen: So machen Sie Copilot verfügbar

Nachdem Sie die Lizenzierung und technischen Voraussetzungen geklärt haben, folgt die eigentliche Aktivierung. Je nach Ihrer Rolle im Unternehmen variieren die notwendigen Schritte:

1. **Als Administrator**

   - Im Microsoft 365 Admin Center können Sie Copilot für bestimmte Benutzergruppen aktivieren
   - Navigieren Sie zu "Einstellungen" > "Org-Einstellungen" > "Microsoft Copilot"
   - Stellen Sie die gewünschten Zugriffsberechtigungen ein
   - Beachten Sie mögliche organisatorische Richtlinien zur KI-Nutzung

2. **Als Endanwender**

   - Nach der Lizenzzuweisung durch den Administrator starten Sie Excel
   - Prüfen Sie, ob das Copilot-Symbol in der Menüleiste erscheint (typischerweise ein Sternchen oder "Copilot"-Button)
   - Falls nicht, führen Sie ein vollständiges Office-Update durch
   - Starten Sie Excel neu

3. **Fehlerbehebung bei fehlender Anzeige**

   - Überprüfen Sie im Excel-Menü unter "Datei" > "Konto" > "Über Excel", ob Sie die aktuelle Version nutzen
   - Manchmal ist ein Wechsel zwischen der Desktop- und Webversion hilfreich, um die Aktivierung anzustoßen
   - Bei anhaltenden Problemen kann ein vollständiges Ab- und Anmelden von Ihrem Microsoft-Konto helfen

Ein häufiges Problem, das mir in Workshops begegnet, ist, dass Copilot zwar lizenziert, aber durch Unternehmensrichtlinien blockiert ist. Einige Organisationen beschränken den Zugriff auf KI-Tools aus Datenschutz- oder Sicherheitsbedenken. In solchen Fällen ist ein Gespräch mit der IT-Sicherheitsabteilung erforderlich.

Eine Marketingmanagerin schilderte mir ihr Vorgehen: "Ich habe eine detaillierte Business-Case-Präsentation erstellt, die aufzeigte, wie viel Zeit unser Team durch Copilot einsparen könnte. Die Zahlen waren so überzeugend, dass die IT-Abteilung eine Ausnahme für unser Team genehmigte."

Erste Schritte mit Copilot in Excel: Funktioniert alles wie erwartet?

Nach erfolgreicher Aktivierung sollten Sie einen ersten Funktionstest durchführen. Hier ist meine empfohlene Vorgehensweise für die Erstprüfung:

1. **Einfacher Zugriffs-Test**

   - Öffnen Sie Excel und eine beliebige Arbeitsmappe
   - Klicken Sie auf das Copilot-Symbol in der Menüleiste
   - Es sollte sich ein Seitenbereich öffnen, in dem Sie mit Copilot interagieren können
   - Geben Sie eine einfache Anfrage ein, z.B. "Erkläre mir, was diese Tabelle zeigt"

2. **Funktionalitäts-Check**

   - Testen Sie eine Formatierungsanfrage, z.B. "Formatiere die Überschriften fett und zentriert"
   - Versuchen Sie eine einfache Datenberechnung, z.B. "Berechne die Summe der Werte in Spalte B"
   - Prüfen Sie die Reaktionszeiten und die Qualität der Antworten

3. **Fehlerbehebung bei Problemen**

- Langsame Reaktionen können auf Netzwerkprobleme hindeuten
- Unvollständige Antworten könnten auf eine teilweise eingeschränkte Implementierung hinweisen
- Bei wiederkehrenden Fehlermeldungen dokumentieren Sie den genauen Wortlaut für die IT-Unterstützung

Ein Finanzanalyst berichtete mir von seiner Erfahrung: "Bei meinem ersten Test antwortete Copilot nicht auf meine Anfragen. Nach Rücksprache mit der IT stellte sich heraus, dass unsere Firewall die Kommunikation mit den Microsoft AI-Servern blockierte. Nach einer Anpassung der Firewall-Regeln funktionierte alles einwandfrei."

Zugangsberechtigungen für Ihre Daten: Ein wichtiger Sicherheitsaspekt

Ein oft übersehener Aspekt bei der Copilot-Einrichtung sind die Datenberechtigungen. Damit Copilot mit Ihren Excel-Daten arbeiten kann, müssen entsprechende Zugriffsrechte konfiguriert sein:

- **Persönliche Daten vs. Unternehmensdaten**

  - Für persönliche Excel-Dateien reicht meist die Standardberechtigung
  - Bei Unternehmensdaten in SharePoint oder OneDrive for Business müssen Sie möglicherweise explizite Berechtigungen erteilen
- **Speicherorte und Berechtigungsebenen**

  - Lokale Dateien: Direkter Zugriff via Desktop-App
  - Cloud-Dateien: Zugriff über entsprechende Dienstberechtigungen
  - Geteilte Dateien: Abhängig von den Freigabeeinstellungen

- **Datenschutz-Einstellungen prüfen**

  - Überprüfen Sie, ob organisatorische Datenschutzrichtlinien den KI-Zugriff auf bestimmte Dokumente einschränken
  - In regulierten Branchen gibt es oft zusätzliche Anforderungen für den KI-Einsatz

Eine Teamleiterin aus dem Gesundheitswesen teilte ihre Erfahrung mit mir: "Wir mussten gemeinsam mit unseren Datenschutzbeauftragten einen Prozess entwickeln, welche Daten für Copilot zugänglich sein dürfen und welche nicht. Das hat etwas Zeit gekostet, schützt uns aber vor unbeabsichtigter Offenlegung sensibler Patientendaten."

Schulen Sie Ihr Team: Zugang für alle Beteiligten sicherstellen

Falls Sie in einer Teamumgebung arbeiten, ist es wichtig, einen konsistenten Zugang für alle relevanten Teammitglieder sicherzustellen:

- **Einheitliche Einrichtung**

  - Erstellen Sie eine klare Dokumentation für die Einrichtung und Erstnutzung
  - Organisieren Sie bei Bedarf kurze Schulungen zur Grundkonfiguration
- **Gemeinsame Best Practices**

  - Definieren Sie Standards für die Nutzung, insbesondere bei gemeinsam bearbeiteten Dateien
  - Klären Sie, wer was mit Copilot tun darf und was nicht
- **Feedback-Mechanismen etablieren**

  - Richten Sie einen einfachen Prozess ein, wie Teammitglieder Probleme melden können

- Sammeln Sie Erfolgsgeschichten zur Motivation der Kollegen

Der anfängliche Aufwand für eine saubere Einrichtung zahlt sich aus. Nach meiner Erfahrung reduzieren sich Support-Anfragen um bis zu 80%, wenn die Grundkonfiguration strukturiert erfolgt und gut kommuniziert wird.

In den nächsten Abschnitten werden wir uns mit der Benutzeroberfläche von Copilot in Excel beschäftigen und lernen, wie Sie die wichtigsten Einstellungen optimal konfigurieren. Doch zunächst sollten Sie sicherstellen, dass der Zugang für Sie und ggf. Ihr Team reibungslos funktioniert. Eine solide Basis ist entscheidend für den langfristigen Erfolg Ihrer Automatisierungsstrategie.

1.1.2 DIE BENUTZEROBERFLÄCHE MEISTERN: ERSTE SCHRITTE UND WICHTIGE EINSTELLUNGEN VORNEHMEN

Nachdem Sie den Zugang zu Copilot M365 sichergestellt haben, ist der nächste entscheidende Schritt, sich mit der Benutzeroberfläche vertraut zu machen. Die erste Begegnung mit einem neuen Tool kann überwältigend sein, deshalb führe ich Sie Schritt für Schritt durch diesen Prozess. In meiner Beratungspraxis stelle ich immer wieder fest, dass viele Anwender die Leistungsfähigkeit von Copilot unterschätzen, weil sie die Oberfläche nicht vollständig verstehen.

Die Benutzeroberfläche von Copilot in Excel ist bewusst minimalistisch gestaltet, um sich nahtlos in die gewohnte Excel-Umgebung einzufügen. Dies ist ein kluges Design-Prinzip von Microsoft: Die Lernkurve wird flacher, wenn neue Funktionen organisch in bekannte Umgebungen integriert werden. Viele meiner Klienten sind überrascht, wie schnell sie sich mit Copilot anfreunden, sobald sie die grundlegenden Interaktionsmuster verstanden haben.

Der Einstiegspunkt zu Copilot findet sich in der Excel-Menüleiste, genauer gesagt im neuen "Copilot"-Tab oder über ein spezielles Copilot-Symbol, das typischerweise mit einem Sternchen oder einem stilisierten "C" gekennzeichnet ist. Falls Sie dieses Icon nicht sofort entdecken, prüfen Sie unter dem Menüpunkt "Ansicht", ob es dort als aktivierbare Option erscheint. Eine Teamleiterin aus dem Controlling berichtete mir: "Ich habe das Symbol zunächst übersehen, weil es so dezent in die Oberfläche integriert ist. Nachdem ich es einmal gefunden hatte, erschien es mir aber völlig logisch platziert."

Der Copilot-Bereich selbst öffnet sich typischerweise als Seitenleiste am rechten Bildschirmrand. Dies ist Ihr primäres Kommunikationsfenster mit dem KI-Assistenten. Die Oberfläche lässt sich in mehrere funktionale Bereiche unterteilen:

- **Eingabefeld:** Am unteren Rand des Copilot-Bereichs befindet sich ein Textfeld, in das Sie Ihre Anfragen und Anweisungen eingeben.
- **Gesprächsverlauf:** Der Hauptteil des Bereichs zeigt den Verlauf Ihrer Interaktionen mit Copilot, ähnlich einem Chat-Verlauf.
- **Aktionsschaltflächen:** Oberhalb des Eingabefelds finden Sie Schaltflächen für häufige Aktionen wie das Löschen des Verlaufs oder das Speichern von Prompts.
- **Kontextbereich:** In einigen Ansichten zeigt Copilot den aktuellen Kontext an, also die Daten, mit denen er gerade arbeitet.

Die wichtigsten Einstellungen für Copilot sind nicht sofort offensichtlich, aber sie können einen erheblichen Einfluss auf Ihre Arbeitserfahrung haben. Ich empfehle Ihnen, folgende Anpassungen vorzunehmen:

1. Kontextbereich anpassen

- Klicken Sie auf das Zahnrad-Symbol in der Copilot-Seitenleiste
- Wählen Sie "Einstellungen" oder "Optionen"
- Legen Sie fest, wie viel Kontext Copilot automatisch erfassen soll
- Je nach Datenschutzanforderungen können Sie hier einschränken, welche Daten Copilot "sehen" darf

2. **Verlaufseinstellungen konfigurieren**

- Bestimmen Sie, ob Gespräche gespeichert werden sollen
- Legen Sie fest, ob Verläufe teamweit geteilt werden
- Konfigurieren Sie automatische Löschintervalle für sensible Umgebungen

3. **Personalisierung aktivieren**

- Aktivieren Sie die Option "Aus Interaktionen lernen" für verbesserte Ergebnisse
- Definieren Sie bevorzugte Formatvorlagen für generierte Inhalte
- Speichern Sie häufig genutzte Prompts als Vorlagen

Eine Finanzanalystin beschrieb mir ihre Erfahrung: "Nachdem ich die Einstellungen für meine Bedürfnisse angepasst hatte, fühlte sich Copilot wie ein maßgeschneidertes Tool an. Besonders die Möglichkeit, häufig genutzte Prompts zu speichern, hat meine Effizienz erheblich gesteigert."

Die ersten Schritte mit der Copilot-Oberfläche sollten bewusst einfach gehalten werden. Starten Sie mit diesen grundlegenden Interaktionen:

- **Einfache Daten beschreiben lassen:** Markieren Sie einen Datenbereich und bitten Sie Copilot: "Erkläre mir, was diese Daten zeigen"
- **Hilfe bei der Formatierung:** Wählen Sie einen Bereich und geben Sie ein: "Formatiere diese Tabelle professionell"

- **Eine einfache Berechnung anfordern:** "Berechne die Summe der Werte in Spalte B und zeige mir das Ergebnis"

Diese ersten Interaktionen geben Ihnen ein Gefühl für die Reaktionszeiten und die Art der Antworten, die Sie erwarten können. Gleichzeitig baut sich so ein Verständnis für die grundlegende "Konversation" mit Copilot auf.

Die Copilot-Oberfläche bietet mehrere Wege, um mit Ihren Daten zu interagieren. Im Laufe meiner Beratungstätigkeit habe ich festgestellt, dass viele Nutzer nicht alle diese Möglichkeiten kennen:

- **Direkte Prompt-Eingabe:** Die offensichtlichste Methode, bei der Sie Ihre Anfrage direkt in das Textfeld eingeben.
- **Datenauswahl mit Kontextmenü:** Markieren Sie Daten und öffnen Sie das Kontextmenü (rechte Maustaste), um spezifische Copilot-Aktionen auszuwählen.
- **Natürliche Sprachbefehle in Zellen:** In neueren Versionen können Sie Befehle direkt in Zellen eingeben, eingeleitet durch ein Gleichheitszeichen und ein Fragezeichen (=?).
- **Einfügen von Copilot-generierten Inhalten:** Ziehen Sie Antworten aus dem Copilot-Bereich direkt in Ihre Tabelle.

Meine Kunden stolpern anfangs häufig über einige typische Herausforderungen bei der Nutzung der Copilot-Oberfläche. Hier sind die häufigsten Fallstricke und meine Empfehlungen, wie Sie diese vermeiden:

- **Problem:** Copilot reagiert nicht auf Ihre Eingabe. **Lösung:** Prüfen Sie Ihre Internetverbindung und stellen Sie sicher, dass der Dienst aktiv ist. Manchmal hilft ein Neuladen der Excel-Anwendung.
- **Problem:** Die Antworten scheinen nicht auf Ihre aktuellen Daten bezogen zu sein. **Lösung:** Stellen Sie sicher, dass Sie

den relevanten Datenbereich markiert haben, bevor Sie Ihre Anfrage stellen.

- **Problem:** Copilot generiert Antworten, die zu lang oder zu komplex sind. **Lösung:** Nutzen Sie die Einstellung "Antwortlänge" im Einstellungsmenü oder formulieren Sie Ihre Anfragen präziser.

- **Problem:** Die Benutzeroberfläche verschwindet plötzlich oder lässt sich nicht öffnen. **Lösung:** Dies kann auf einen temporären Dienst-Ausfall hindeuten. Prüfen Sie den Microsoft 365-Dienststatus oder warten Sie einige Minuten, bevor Sie es erneut versuchen.

Ein persönlicher Tipp aus meiner Praxis: Legen Sie sich ein kleines "Copilot-Notizbuch" an, in dem Sie erfolgreiche Prompts und nützliche Einstellungen dokumentieren. Diese Sammlung wird mit der Zeit zu einem wertvollen persönlichen Nachschlagewerk.

Für eine optimale Arbeit mit Copilot empfehle ich, die Benutzeroberfläche an Ihren Arbeitsfluss anzupassen. Microsoft hat verschiedene Anpassungsmöglichkeiten integriert:

- **Position der Seitenleiste:** Sie können zwischen rechts und links wählen, je nach Ihrer Präferenz.
- **Automatisches Einblenden:** Konfigurieren Sie, wann Copilot automatisch erscheinen soll, z.B. bei bestimmten Aktionen.
- **Tastenkombinationen:** Richten Sie personalisierte Shortcuts ein, um Copilot schnell zu aktivieren.
- **Theme-Anpassung:** In einigen Versionen können Sie zwischen hellem und dunklem Design wählen.

Eine Controllerin eines mittelständischen Unternehmens teilte ihre Erfahrung mit mir: "Die Möglichkeit, Copilot per Tastenkombination zu aktivieren, hat meine Arbeitsweise revolutioniert. Ich wechsle jetzt nahtlos zwischen manueller Arbeit und KI-Unterstützung, ohne den Fluss zu unterbrechen."

Die Beherrschung der Benutzeroberfläche ist der Schlüssel zur effektiven Nutzung von Copilot. Mit den grundlegenden Kenntnissen, die ich Ihnen in diesem Abschnitt vermittelt habe, sind Sie bestens gerüstet, um Ihre ersten produktiven Schritte mit diesem leistungsstarken Assistenten zu unternehmen. Im nächsten Abschnitt werden wir uns damit beschäftigen, wie Sie effektive Prompts formulieren, um das Maximum aus Copilot herauszuholen.

1.2 DIE COPILOT-LOGIK VERSTEHEN: ERFOLGREICH MIT IHREM KI-ASSISTENTEN KOMMUNIZIEREN

1.2.1 EFFEKTIVE PROMPTS FORMULIEREN: KLARE ANWEISUNGEN FÜR PRÄZISE ERGEBNISSE GEBEN

Die Kunst der effektiven Kommunikation mit Copilot M365 erinnert mich an meine ersten Gespräche mit internationalen Kollegen. Obwohl wir dieselbe Sprache sprachen, führten subtile Unterschiede in Ausdruck und Erwartungen manchmal zu Missverständnissen. Genau so verhält es sich mit der Kommunikation mit Copilot – die richtigen Worte machen den entscheidenden Unterschied zwischen Frustration und produktiven Ergebnissen.

Das Herzstück jeder Interaktion mit Copilot ist der Prompt – Ihre Anfrage oder Anweisung an den KI-Assistenten. Ein präziser, gut strukturierter Prompt führt zu zielgerichteten Ergebnissen, während vage oder unklare Formulierungen oft unbefriedigende Antworten erzeugen. In meiner Beratungstätigkeit beobachte ich regelmäßig, dass dieselbe Aufgabe mit unterschiedlichen Ergebnissen gelöst wird, nur aufgrund der Art, wie die Anfrage formuliert wurde.

Ein Controlling-Mitarbeiter eines Maschinenbauunternehmens teilte mir seine Erfahrung mit: "Ich war zunächst enttäuscht von Copilot, bis ich verstand, dass nicht die KI das Problem war, sondern meine ungenauen Anweisungen. Nachdem ich gelernt hatte, präzisere Prompts zu formulieren, lieferte Copilot genau die Ergebnisse, die ich brauchte."

Lassen Sie uns die Grundprinzipien effektiver Prompts für Copilot in Excel erkunden und systematisch aufbauen, wie Sie Ihre Kommunikation optimieren können:

Die Anatomie eines effektiven Prompts

Ein wirkungsvoller Prompt für Copilot M365 in Excel besteht aus mehreren Schlüsselelementen:

- **Klare Aufgabenbeschreibung:** Was genau soll Copilot tun? Formulieren Sie das gewünschte Ergebnis eindeutig.
- **Kontextinformationen:** Geben Sie relevante Hintergrundinformationen zu Ihren Daten oder Anforderungen.
- **Spezifische Details:** Je präziser Ihre Angaben, desto genauer das Ergebnis.
- **Formatierungswünsche:** Wie soll das Ergebnis strukturiert oder dargestellt werden?
- **Einschränkungen oder Regeln:** Gibt es bestimmte Bedingungen oder Ausnahmen zu beachten?

Ein schlecht formulierter Prompt wäre: "Analysiere meine Verkaufsdaten." Ein verbesserter Prompt könnte lauten: "Analysiere die Verkaufsdaten in Spalten B bis E für die letzten drei Monate, identifiziere die Top 5 Produkte nach Umsatz und erstelle ein Balkendiagramm mit farblicher Hervorhebung der Werte über 10.000 Euro."

Die Präzision macht hier den entscheidenden Unterschied. Der zweite Prompt enthält alle notwendigen Informationen, damit Copilot genau versteht, was Sie benötigen.

Sprachliche Klarheit als Schlüssel zum Erfolg

Meine Arbeit mit verschiedenen Teams hat gezeigt, dass die sprachliche Klarheit einen enormen Einfluss auf die Qualität der Copilot-Antworten hat. Hier sind meine bewährten Prinzipien für sprachlich klare Prompts:

1. Verwenden Sie präzise Verben

- Wählen Sie handlungsorientierte Verben, die genau beschreiben, was Copilot tun soll
- Beispiel: "Sortiere", "Filtere", "Berechne", "Formatiere", "Visualisiere"

2. **Spezifizieren Sie Datenquellen exakt**

- Benennen Sie genau, mit welchen Daten Copilot arbeiten soll
- Beispiel: "Verwende die Daten in Zellen A2:F245" statt "Verwende die Tabelle"

3. **Quantifizieren Sie, wo immer möglich**

- Zahlen und konkrete Werte reduzieren Interpretationsspielraum
- Beispiel: "Zeige die 5 höchsten Werte" statt "Zeige die höchsten Werte"

4. **Strukturieren Sie komplexe Anfragen in einzelne Schritte**

- Nummerieren Sie bei mehrschrittigen Anfragen die einzelnen Aufgaben
- Beispiel: "1. Filtere nach Region 'Nord', 2. Berechne den Durchschnittsumsatz, 3. Erstelle ein Liniendiagramm der monatlichen Entwicklung"

Eine Finanzanalystin beschrieb mir ihren Aha-Moment: "Als ich begann, meine Anfragen wie kleine Rezepte zu formulieren, mit klaren Zutaten und Schritten, verbesserte sich die Qualität der Copilot-Ergebnisse dramatisch."

Von einfach zu komplex: Die Prompt-Pyramide

Die Entwicklung Ihrer Prompt-Fähigkeiten folgt einer natürlichen Progression, die ich als "Prompt-Pyramide" bezeichne:

- **Basis-Ebene:** Einfache, einzelne Anweisungen

- "Sortiere die Spalte B in aufsteigender Reihenfolge."

- "Färbe alle negativen Werte in Spalte D rot ein."
- **Mittlere Ebene:** Kombinierte Aufgaben mit klarem Zusammenhang

  - "Filtere die Tabelle nach Vertriebsregion 'West' und berechne die Summe der Quartalsverkäufe."
  - "Erstelle eine Pivot-Tabelle aus den Daten A1:F50 mit Produktkategorien als Zeilen und Monaten als Spalten."
- **Experten-Ebene:** Komplexe Analysen und kreative Aufgaben

  - "Analysiere die Verkaufstrends der letzten 12 Monate, identifiziere saisonale Muster und erstelle ein Dashboard mit den Top-Performern und kritischen Bereichen."
  - "Entwirf ein Forecast-Modell basierend auf den historischen Daten und visualisiere die Prognose für die nächsten zwei Quartale mit Konfidenzintervallen."

Mein Rat: Beginnen Sie auf der Basis-Ebene und arbeiten Sie sich langsam nach oben. Mit jeder erfolgreichen Interaktion wächst Ihr Verständnis dafür, wie Copilot auf verschiedene Anweisungen reagiert.

Prompts iterativ verbessern: Der Feedback-Loop

Eine wichtige Erkenntnis aus meinen Workshops: Die Prompt-Erstellung ist kein einmaliger Vorgang, sondern ein iterativer Prozess. Wenn die erste Antwort nicht Ihren Erwartungen entspricht, nutzen Sie sie als Feedback für eine präzisere Formulierung.

So könnte ein typischer Verbesserungszyklus aussehen:

1. **Initialer Prompt:** "Erstelle ein Diagramm für meine Verkaufsdaten."

2. **Copilot-Antwort:** [Einfaches Säulendiagramm mit allen Daten]

3. **Verfeinerter Prompt:** "Erstelle ein gestapeltes Säulendiagramm für meine Verkaufsdaten in A1:D20, gruppiert nach Quartal und mit Produktkategorien als Farblegende."

4. **Verbesserte Antwort:** [Präzises Diagramm nach Wunsch]

Eine Teamleiterin aus dem Vertrieb teilte mir ihre Strategie mit: "Ich speichere erfolgreiche Prompts in einem separaten Dokument und passe sie für ähnliche Aufgaben an. Das spart mir viel Zeit bei wiederkehrenden Analysen."

Kulturelle und kontextuelle Faktoren berücksichtigen

Ein oft übersehener Aspekt erfolgreicher Copilot-Kommunikation ist das Bewusstsein für kulturelle und kontextuelle Nuancen. Als KI-System wurde Copilot mit einer Vielzahl von Datenquellen trainiert, die bestimmte Konventionen und Erwartungen beinhalten.

Für optimale Ergebnisse im deutschen Geschäftskontext empfehle ich:

- **Benennen Sie Formate explizit in deutscher Notation**

  - Beispiel: "Verwende das Format #.###,## € für Währungsbeträge" anstatt der US-Notation
  - Spezifizieren Sie Datumsformate eindeutig: "TT.MM.JJJJ" vs. "MM/DD/YYYY"
- **Berücksichtigen Sie branchenspezifisches Vokabular**

  - Verwenden Sie in Ihrer Branche übliche Fachbegriffe
  - Bei Bedarf erläutern Sie spezifische Termini kurz
- **Referenzieren Sie relevante Standards oder Richtlinien**

- Beispiel: "Formatiere die Tabelle gemäß den typischen Controlling-Standards in deutschen Unternehmen"

Praktische Prompt-Vorlagen für häufige Excel-Aufgaben

Basierend auf meinen Erfahrungen mit zahlreichen Klienten habe ich einige Prompt-Vorlagen entwickelt, die Sie für typische Excel-Aufgaben anpassen können:

- **Für Datenbereinigung:** "Prüfe die Daten in Bereich [Bereich] auf Duplikate, Inkonsistenzen und fehlende Werte. Bereinige die erkannten Probleme und formatiere die Ergebnisse übersichtlich mit [spezifische Formatierungswünsche]."

- **Für Datenanalyse:** "Analysiere die Daten in [Bereich] hinsichtlich [Ziel der Analyse]. Identifiziere die wichtigsten [Kennzahlen/Trends/Muster] und fasse die Ergebnisse in einer klar strukturierten [Tabelle/Liste/Visualisierung] zusammen."

- **Für Berichterstellung:** "Erstelle einen übersichtlichen Bericht aus den Daten in [Bereich], der [Hauptzweck] erfüllt. Berücksichtige dabei besonders [kritische Faktoren] und stelle die Informationen [gewünschte Darstellungsform] dar."

Der Schlüssel zur erfolgreichen Anwendung dieser Vorlagen liegt in ihrer Anpassung an Ihre spezifischen Bedürfnisse. Ersetzen Sie die eckigen Klammern durch Ihre konkreten Anforderungen.

Die Beherrschung effektiver Prompts ist keine einmalige Lernaufgabe, sondern ein kontinuierlicher Entwicklungsprozess. Mit jedem Prompt, den Sie verfassen, verfeinern Sie Ihre Fähigkeit, mit Copilot zu kommunizieren. Diese Investition in Ihre Prompt-Kompetenz zahlt sich durch präzisere Ergebnisse und effizientere Arbeitsabläufe vielfach aus.

Im nächsten Abschnitt werden wir uns mit den Grenzen und Möglichkeiten von Copilot beschäftigen, um realistische Erwartungen zu definieren und das volle Potenzial dieses leistungsstarken KI-Assistenten auszuschöpfen.

1.2.2 GRENZEN UND MÖGLICHKEITEN ERKENNEN: REALISTISCHE ERWARTUNGEN AN COPILOT DEFINIEREN

Menschen neigen dazu, neue Technologien entweder zu unterschätzen oder maßlos zu überschätzen. Bei künstlicher Intelligenz wie Copilot M365 beobachte ich dieses Phänomen besonders deutlich. Manche meiner Klienten erwarten anfangs, dass Copilot ihre Gedanken lesen und komplexe Fachaufgaben ohne jegliche Anleitung lösen kann. Andere unterschätzen das Potenzial vollkommen und sehen darin nur ein aufgemotztes Rechtschreibprogramm. Die Wahrheit liegt, wie so oft, irgendwo dazwischen.

Ein klares Verständnis der tatsächlichen Fähigkeiten und Grenzen von Copilot ist entscheidend für Ihren Erfolg mit diesem Werkzeug. Nur wer realistische Erwartungen hat, kann Frustration vermeiden und das volle Potenzial ausschöpfen. In diesem Abschnitt möchte ich mit Ihnen eine ausgewogene Perspektive entwickeln, was Copilot in Excel heute kann, was es nicht kann und wie Sie innerhalb dieser Parameter optimal arbeiten.

Die zugrundeliegende Technologie von Copilot basiert auf fortschrittlichen Large Language Models (LLMs), die auf Milliarden von Textdokumenten und Codebeispielen trainiert wurden. Diese Modelle können Muster erkennen, Sprache verstehen und Inhalte generieren, die menschenähnlich wirken. Gleichzeitig sind sie keine denkenden Wesen mit Bewusstsein oder selbstständigem Verständnis komplexer fachlicher Zusammenhänge.

Ein Controlling-Leiter aus dem Maschinenbau formulierte es treffend: "Copilot ist wie ein hochbegabter Praktikant mit Zugriff auf das Weltwissen, aber ohne Berufserfahrung oder Branchenkenntnis. Er kann beeindruckende Dinge leisten, braucht aber klare Anleitung und Supervision." Diese Analogie hilft, realistisch einzuschätzen, was Sie von diesem KI-Werkzeug erwarten können.

Lassen Sie uns zunächst die Stärken von Copilot in Excel erkunden, die Bereiche, in denen es wirklich glänzen kann:

- **Textumsetzung in Formeln:** Copilot excelliert darin, natürliche Sprachbeschreibungen in Excel-Formeln umzuwandeln. Statt komplexe SVERWEIS- oder WENN-Funktionen selbst zu konstruieren, können Sie einfach beschreiben, was Sie erreichen möchten.

- **Automatisierung repetitiver Aufgaben:** Sich wiederholende Tätigkeiten wie Formatierung, einfache Datenbereinigung oder standardisierte Berichterstellung meistert Copilot mit Bravour.

- **Erklärung bestehender Inhalte:** Copilot kann vorhandene Formeln, Datenstrukturen oder Makros in verständlicher Sprache erläutern, was besonders für die Zusammenarbeit mit Kollegen wertvoll ist.

- **Kreative Vorschläge:** Bei Visualisierungen oder Analyseansätzen kann Copilot überraschende und kreative Ideen liefern, auf die Sie selbst vielleicht nicht gekommen wären.

- **Effiziente Textgenerierung:** Für Dokumentationen, Kommentare oder Präsentationsunterlagen zu Ihren Excel-Daten generiert Copilot schnell brauchbare Texte.

Eine Finanzanalystin berichtete mir von ihrer positiven Erfahrung: "Ich habe früher Stunden damit verbracht, komplexe

WENN-DANN-Ketten für unsere Budgetplanung zu schreiben. Mit Copilot beschreibe ich einfach die Logik in natürlicher Sprache, und die Funktion wird korrekt generiert. Das spart nicht nur Zeit, sondern reduziert auch Fehler erheblich."

Gleichermaßen wichtig ist es, die Grenzen zu verstehen, wo Copilot an seine Leistungsfähigkeit stößt:

- **Domänenspezifisches Fachwissen:** Copilot verfügt nicht über tiefes Branchenwissen oder unternehmensspezifische Kenntnisse. Fachliche Zusammenhänge oder spezifische Berechnungsmethoden in Ihrer Branche muss Copilot explizit von Ihnen erklärt bekommen.

- **Kontextuelles Verständnis:** Obwohl Copilot Kontext innerhalb einer Arbeitsmappe erfassen kann, fehlt ihm das tiefere Verständnis Ihrer Geschäftsprozesse oder der historischen Entwicklung Ihrer Daten.

- **Komplexe Datenstrukturen:** Bei sehr großen oder komplex verknüpften Datenstrukturen über mehrere Arbeitsmappen hinweg kann Copilot den Überblick verlieren.

- **Kreative Problemlösung:** Hochgradig innovative Lösungsansätze für völlig neuartige Probleme liegen außerhalb seiner Fähigkeiten. Copilot kombiniert Bekanntes neu, erfindet aber keine grundlegend neuen Konzepte.

- **Qualitätssicherung:** Die Verantwortung für die Richtigkeit und Angemessenheit der Ergebnisse bleibt bei Ihnen. Copilot ersetzt nicht Ihr kritisches Denken und Ihre Prüfung.

Ein IT-Leiter eines mittelständischen Unternehmens teilte mir seine Erkenntnis mit: "Wir haben gelernt, dass Copilot hervorragend für die erste 80% der Arbeit ist. Die letzten 20%, die unser spezifisches Fachwissen erfordern, müssen wir selbst erledigen. Diese Erwartungshaltung hat uns vor Enttäuschungen bewahrt."

Besonders aufschlussreich sind typische Szenarien, in denen Copilot entweder brilliert oder an Grenzen stößt:

Szenarien mit hervorragenden Ergebnissen:

1. **Datenformatierung und -bereinigung**

   - Aufgabe: "Standardisiere alle Datumswerte in Spalte C in das Format TT.MM.JJJJ"
   - Copilot: Erstellt die passende Formel oder führt die Formatierung direkt durch

2. **Generierung von Standardberichten**

   - Aufgabe: "Erstelle eine monatliche Umsatzübersicht basierend auf den Daten in Tabelle1"
   - Copilot: Generiert eine strukturierte Tabelle oder Pivot mit den relevanten Kennzahlen

3. **Formelübersetzung**

   - Aufgabe: "Schreibe eine Formel, die den höchsten Wert pro Kundengruppe ermittelt"
   - Copilot: Erstellt eine präzise WENN/MAXWENN/SUMMEWENN-Kombination

Szenarien mit herausfordernden Ergebnissen:

1. **Unternehmensspezifische Berechnungsmethoden**

   - Aufgabe: "Berechne unsere interne Deckungsbeitragsquote nach Firmenmethode"
   - Copilot: Kann ohne detaillierte Erklärung der spezifischen Berechnungsmethode keine präzise Lösung liefern

2. **Historisch gewachsene Strukturen**

- Aufgabe: "Passe das Berichtswesen an unsere bestehende Controllingstruktur an"
- Copilot: Fehlt das Verständnis für die historische Entwicklung und internen Strukturen

3. **Strategische Dateninterpretation**

  - Aufgabe: "Analysiere die Daten in Hinblick auf unsere Marktposition"
  - Copilot: Kann Muster erkennen, aber keine marktspezifischen Strategieempfehlungen geben

Die Erkenntnis dieser Grenzen ist kein Grund zur Enttäuschung, sondern der Schlüssel zur effektiven Nutzung. Mein Ansatz für die optimale Zusammenarbeit mit Copilot folgt diesen Prinzipien:

1. **Mensch-Maschine-Kollaboration statt Delegation**

  - Sehen Sie Copilot als Kooperationspartner, nicht als Ersatz
  - Nutzen Sie Copilot für den ersten Entwurf, den Sie dann verfeinern
  - Behalten Sie die Kontrolle über den Gesamtprozess

2. **Iterative Verfeinerung**

  - Beginnen Sie mit einfachen Prompts und verfeinern Sie diese schrittweise
  - Geben Sie Feedback zu den Ergebnissen und passen Sie Ihre Anweisungen an
  - Lernen Sie aus den Interaktionen, welche Formulierungen zu besseren Ergebnissen führen

3. **Stärkenorientierter Einsatz**

  - Identifizieren Sie in Ihrem Arbeitsalltag die Aufgaben, die zu den Stärken von Copilot passen
  - Automatisieren Sie zuerst diese Bereiche für schnelle Erfolgserlebnisse
  - Erweitern Sie den Einsatzbereich schrittweise

4. **Systematische Validierung**

- Entwickeln Sie eine Routine zur Überprüfung der Copilot-Ergebnisse
- Schaffen Sie Stichprobenkontrollen für kritische Berechnungen
- Behalten Sie bei wichtigen Entscheidungen immer den menschlichen Kontrollblick

Eine Teamleiterin aus dem Marketing beschrieb ihren Lernprozess so: "Anfangs war ich enttäuscht, wenn Copilot nicht sofort perfekte Ergebnisse lieferte. Dann verstand ich, dass es wie mit einem neuen Teammitglied ist: Ich muss klar kommunizieren, Feedback geben und seine Stärken kennen. Mit dieser Einstellung haben wir jetzt eine produktive Zusammenarbeit."

Das Verständnis für die Funktionsweise von Copilot beeinflusst auch die Art, wie Sie Anfragen formulieren sollten. Copilot arbeitet am besten mit:

- **Präzisen, aber nicht zu einschränkenden Anfragen**

  - Zu vage: "Analysiere meine Daten"
  - Zu spezifisch: "Berechne den prozentualen Zuwachs jedes einzelnen Wertes in B2:B50 im Vergleich zum Vorjahreszeitraum in C2:C50 und formatiere Zuwächse über 5% in grün, unter -3% in rot"
  - Optimal: "Vergleiche die aktuellen Werte in Spalte B mit den Vorjahreswerten in Spalte C und hebe signifikante Änderungen farblich hervor"
- **Schrittweisen Anweisungen für komplexe Aufgaben**

  - Teilen Sie komplizierte Anfragen in logische Teilschritte auf
  - Bauen Sie auf den Ergebnissen früherer Schritte auf
  - Geben Sie nach jedem Schritt spezifisches Feedback
- **Kontextanreicherung wo nötig**

  - Erklären Sie kurz den Zweck oder Hintergrund Ihrer Anfrage

- Erwähnen Sie relevante Geschäftsregeln oder Berechnungslogiken
- Definieren Sie ungewöhnliche Fachbegriffe oder unternehmensspezifische Terminologie

Ein Vertriebscontroller teilte seine Erfahrung mit mir: "Ich habe gelernt, dass ich meinen Datensatz kurz erklären sollte, bevor ich Copilot um eine Analyse bitte. Wenn ich sage 'Dies sind Verkaufsdaten nach Region, Produkt und Kundentyp, wobei Spalte D die Rabattstufe angibt', erhalte ich wesentlich relevantere Auswertungen."

Die realistische Erwartungshaltung gegenüber Copilot entwickelt sich mit der Erfahrung. Nach meiner Beobachtung durchlaufen die meisten Nutzer folgende Phasen:

1. **Überhöhte Erwartungen:** Anfängliche Begeisterung führt oft zu unrealistischen Hoffnungen
2. **Ernüchterung:** Erste Grenzerfahrungen können zunächst enttäuschen
3. **Realistische Einschätzung:** Mit wachsender Erfahrung entsteht ein ausgewogenes Bild
4. **Produktive Partnerschaft:** Schließlich entwickelt sich ein effizientes Zusammenspiel

Eine Controlling-Mitarbeiterin beschrieb ihren Weg: "Nach dem anfänglichen Wow-Effekt war ich kurz frustriert über die Grenzen. Heute habe ich ein realistisches Bild davon, wo Copilot mir wirklich Zeit spart und wo ich besser selbst Hand anlege. Diese Klarheit macht mich produktiver."

Die Zukunftsperspektive ist ermutigend: KI-Systeme wie Copilot entwickeln sich rasant weiter. Was heute noch als Grenze gilt, könnte morgen bereits überwunden sein. Gleichzeitig werden auch Ihre Fähigkeiten im Umgang mit KI wachsen, sodass Sie immer komplexere Aufgaben gemeinsam bewältigen können. Diese ko-evolutionäre Entwicklung verspricht kontinuierliche Produktivitätssteigerungen.

Mit einem realistischen Verständnis der Möglichkeiten und Grenzen von Copilot sind Sie bestens gerüstet, um im nächsten Kapitel konkrete Anwendungsfälle zu erkunden, die Ihnen sofortige Arbeitserleichterung verschaffen können.

2. Sofortige Entlastung schaffen: Einfache Excel-Routinen mühelos automatisieren

Nach all der Vorbereitung ist es nun Zeit, in die praktische Anwendung einzusteigen. In meiner Beratungstätigkeit beobachte ich immer wieder, dass Klienten besonders motiviert bleiben, wenn sie schnell erste Erfolge erleben. Daher widmen wir uns in diesem Kapitel den niedrig hängenden Früchten: einfachen Excel-Routinen, die Sie mit minimaler Einarbeitung sofort an Copilot delegieren können.

Der Zauber früher Erfolgserlebnisse darf nicht unterschätzt werden. Wenn Sie zum ersten Mal erleben, wie eine Aufgabe, die Sie bisher täglich mehrere Minuten gekostet hat, plötzlich in Sekunden erledigt ist, entsteht ein Momentum, das Sie durch den gesamten Lernprozess trägt. Eine Mitarbeiterin aus dem Vertriebsinnendienst drückte es so aus: "Nachdem ich gesehen hatte, wie Copilot meine Kundenliste in Sekundenschnelle nach meinen Wünschen formatierte, wollte ich sofort mehr über die Möglichkeiten erfahren."

Wir fokussieren uns in diesem Kapitel bewusst auf Aufgaben, die drei Kriterien erfüllen: Sie sind erstens hochfrequent in Ihrem Arbeitsalltag, zweitens relativ einfach zu automatisieren und drittens bieten sie eine sofort spürbare Zeitersparnis. Diese Kombination garantiert Ihnen ein optimales Verhältnis von Lernaufwand zu Produktivitätsgewinn.

Zu den typischen Routineaufgaben, die hervorragend für den Einstieg geeignet sind, zählen:

- Formatierung von Tabellen und Zellen
- Standardisierte Dateneingabe und einfache Berechnungen
- Zusammenführung von Daten aus verschiedenen Quellen
- Erstellung wiederkehrender Berichte und Listen

Die gute Nachricht: Diese Aufgaben lassen sich mit Copilot besonders leicht automatisieren, da sie klar strukturiert und gut definiert sind. Sie eignen sich perfekt für natürlichsprachliche Anweisungen, ohne dass Sie komplexe Programmierkonzepte verstehen müssen.

Ein Controlling-Mitarbeiter eines Industrieunternehmens beschrieb seinen Aha-Moment: "Ich verbrachte jeden Montag eine halbe Stunde damit, die Wochenumsätze zu formatieren und aufzubereiten. Mit Copilot war die Aufgabe mit einem einzigen Prompt erledigt. Das hat meine Sicht auf Routineaufgaben komplett verändert."

Die Zeitersparnis durch diese ersten Automatisierungsschritte summiert sich schneller, als Sie vielleicht erwarten. Meine Klienten berichten regelmäßig von 5-10 freigesetzten Stunden pro Monat allein durch die Optimierung einfacher Routinen. Diese Zeit können Sie in anspruchsvollere Aufgaben investieren oder einfach den reduzierten Stress genießen.

Die psychologische Komponente sollte nicht unterschätzt werden. Die Befreiung von lästigen Routineaufgaben führt nicht nur zu Zeitgewinn, sondern auch zu einer höheren Arbeitszufriedenheit. Ein Teamleiter aus dem Finanzbereich teilte mir mit: "Meine Mitarbeiter sind deutlich motivierter, seit sie die stupiden Formatierungsaufgaben an Copilot abgeben können. Sie können sich endlich auf die analytischen Aspekte konzentrieren, für die sie eigentlich eingestellt wurden."

Bei meinen Workshops starte ich immer mit einer Übung zur persönlichen Bestandsaufnahme. Ich bitte die Teilnehmer, ihre typischen Excel-Routinen zu identifizieren und nach Häufigkeit und Zeitaufwand zu kategorisieren. Diesen Ansatz empfehle ich auch Ihnen:

1. **Identifizieren Sie repetitive Excel-Aufgaben**

   - Notieren Sie alle wiederkehrenden Excel-Tätigkeiten einer typischen Arbeitswoche
   - Schätzen Sie die durchschnittliche Häufigkeit pro Woche oder Monat
   - Erfassen Sie den ungefähren Zeitaufwand pro Durchführung

2. **Priorisieren Sie nach Automatisierungspotenzial**

   - Hochfrequente, zeitaufwändige Aufgaben bieten den größten Hebel
   - Einfache, klar definierte Prozesse sind leichter zu automatisieren
   - Fehleranfällige Aufgaben profitieren besonders von Automatisierung

Diese Bestandsaufnahme bildet die Grundlage für Ihre persönliche Automatisierungsstrategie. Sie werden überrascht sein, wie viele Ihrer täglichen Excel-Aktivitäten sich für eine Delegation an Copilot eignen.

In den folgenden Abschnitten werden wir uns mit konkreten Anwendungsfällen beschäftigen, beginnend mit dem großen Bereich der Tabellenformatierung und Dateneingabe. Diese scheinbar triviale Aufgabe kostet viele Büroarbeiter täglich wertvolle Zeit. Mit Copilot können Sie Tabellen und Zellen per Sprachbefehl gestalten und einheitliche Optik ohne mühsames Herumklicken sicherstellen.

Die praktischen Beispiele, die ich Ihnen zeigen werde, basieren auf realen Szenarien aus meiner Beratungspraxis. Sie reichen von einfachen Formatierungsanweisungen bis hin zur automatischen Generierung kompletter Standardberichte. Für jeden Anwendungsfall zeige ich Ihnen:

- Die konkrete Ausgangssituation und Problemstellung
- Den passenden Prompt für Copilot
- Das erzielte Ergebnis und die eingesparte Zeit
- Tipps zur Anpassung an Ihre spezifischen Bedürfnisse

Mein Ziel ist es, dass Sie nach der Lektüre dieses Kapitels mindestens drei Routineaufgaben identifiziert haben, die Sie sofort an Copilot delegieren können. Diese ersten Erfolge werden Ihre Motivation für die komplexeren Anwendungsfälle in den späteren Kapiteln stärken.

Die typischen Herausforderungen beim Einstieg in die Automatisierung einfacher Routinen liegen oft nicht in der Technologie selbst, sondern in unseren Gewohnheiten. Viele meiner Klienten berichten, dass sie anfangs aus reiner Routine weiterhin manuell formatieren, obwohl sie bereits wissen, dass Copilot dies übernehmen könnte. Die Umstellung erfordert eine bewusste Entscheidung und etwas Disziplin in der Anfangsphase.

Ein pragmatischer Ansatz, den ich empfehle: Nutzen Sie visuelle Erinnerungen. Eine Post-it-Notiz am Monitor mit der Aufschrift "Kann Copilot das für mich tun?" kann helfen, eingefahrene Muster zu durchbrechen. Eine Teamassistentin berichtete mir: "Die simple Erinnerung auf meinem Bildschirm hat mein Verhalten innerhalb einer Woche komplett verändert. Jetzt ist mein erster Gedanke bei repetitiven Aufgaben immer Copilot."

Die Beherrschung einfacher Automatisierungsroutinen bildet das Fundament für Ihre weitere Reise. Mit jedem erfolgreichen Anwendungsfall wächst nicht nur Ihre Zeitersparnis, sondern auch Ihr Verständnis für die Möglichkeiten und Grenzen von Copilot. Dieses Wissen wird Ihnen in den späteren Kapiteln zugutekommen, wenn wir uns komplexeren Herausforderungen widmen.

Eine Gefahr, die ich bei manchen Anwendern beobachte, ist das übereifrige Automatisieren ohne klare Prioritäten. Nicht jede Aufgabe lohnt den Aufwand der Automatisierung, besonders wenn sie selten vorkommt oder sehr spezifisch ist. Ein Finanzanalyst teilte mir seine Erkenntnis mit: "Ich habe anfangs versucht, alles zu automatisieren. Dann habe ich verstanden, dass ich mich auf die häufigen Standardaufgaben konzentrieren sollte, die mir wirklich Zeit rauben."

Die wahre Kunst liegt in der Unterscheidung zwischen lohnenswerten und weniger lohnenswerten Automatisierungskandidaten. Als Faustregel gilt: Eine Aufgabe, die Sie mindestens einmal pro Woche durchführen und die mehr als fünf Minuten manuelle Arbeit erfordert, ist fast immer ein guter Kandidat für die Delegation an Copilot.

Die kommenden Abschnitte führen Sie Schritt für Schritt durch die praktische Umsetzung. Wir beginnen mit der automatisierten Tabellenformatierung, gehen über zur Beschleunigung von Dateneingabe und einfachen Berechnungen und widmen uns schließlich der effizienten Zusammenführung von Daten und der automatisierten Berichterstellung.

Begleiten Sie mich auf dieser Reise zu sofortiger Entlastung durch intelligente Automatisierung. Die Werkzeuge und Techniken, die Sie in diesem Kapitel kennenlernen, werden nicht nur Ihre Excel-Arbeit revolutionieren, sondern auch eine neue Perspektive auf Ihre täglichen Routineaufgaben eröffnen. Lassen Sie uns gemeinsam die niedrig hängenden Früchte ernten und den Grundstein für Ihre persönliche Produktivitätsrevolution legen.

2.1 STANDARDAUFGABEN DELEGIEREN: FORMATIERUNG UND DATENEINGABE BESCHLEUNIGEN

2.1.1 TABELLEN UND ZELLEN PER SPRACHBEFEHL GESTALTEN: EINHEITLICHE OPTIK SICHERSTELLEN

Die Formatierung von Tabellen gehört zu den klassischen Zeitfressern im Excel-Alltag. Ich beobachte in meinen Beratungsprojekten immer wieder, wie qualifizierte Fachkräfte kostbare Minuten oder gar Stunden damit verbringen, Farben anzupassen, Schriftarten zu ändern oder Rahmenlinien einzufügen. Diese repetitive Klickarbeit ist nicht nur zeitraubend, sondern auch ermüdend und fehleranfällig.

Mit Copilot M365 können Sie diese Arbeit nun per Sprachbefehl erledigen und sich den Weg durch verschachtelte Menüs und zahlreiche Mausklicks sparen. Stellen Sie sich vor: Ein einziger präziser Prompt ersetzt dutzende manuelle Aktionen. Dies ist keine Zukunftsvision, sondern bereits heute Realität.

Ein Controlling-Mitarbeiter eines meiner Kunden beschrieb seine Erfahrung so: "Früher brauchte ich für die einheitliche Formatierung unserer Monatsberichte etwa 20 Minuten. Mit Copilot erledige ich das in weniger als einer Minute mit einer einfachen Anweisung." Diese Art der Zeitersparnis multipliziert sich über Wochen und Monate zu einem bedeutenden Produktivitätsgewinn.

Die Formatierung per Sprachbefehl funktioniert besonders gut für wiederkehrende Standardaufgaben, bei denen Sie immer wieder ähnliche Gestaltungsmerkmale anwenden. Der wahre Vorteil liegt in der Konsistenz: Ein professionell formatiertes Dokument mit einheitlichem Erscheinungsbild entsteht ohne mühsames Herumklicken und ohne das Risiko versehentlicher Abweichungen.

Der Einstieg in die Formatierung mit Copilot ist denkbar einfach. Öffnen Sie Ihre Excel-Datei, markieren Sie den relevanten Bereich und aktivieren Sie Copilot durch Klick auf das entsprechende Symbol oder die Tastenkombination. Nun können Sie Ihre Formatierungswünsche in natürlicher Sprache formulieren.

Erfolgreiche Formatierungsprompts folgen dabei einem bestimmten Muster. Sie sollten präzise, spezifisch und umfassend sein. Ich empfehle Ihnen folgende Struktur:

1. **Was soll formatiert werden?** (Zielbereich definieren)
2. **Welche Aspekte sollen formatiert werden?** (Schrift, Farbe, Rahmen, etc.)
3. **Wie genau soll die Formatierung aussehen?** (Detaillierte Beschreibung)

Die Kunst effektiver Formatierungsprompts liegt in der präzisen Beschreibung. Je klarer Ihre Anweisungen, desto besser das Ergebnis. Hier sind einige Beispiele für wirkungsvolle Formatierungsprompts:

- "Formatiere die Tabelle A1:F20 mit einer hellgrauen Hintergrundfarbe für die Überschriftenzeile, mache den Text der Überschriften fett und zentriert. Gib der gesamten Tabelle einen dünnen schwarzen Rahmen und alterniere die Zeilenfarben in hellem Blau."

- "Gestalte den Bereich B5:E15 als professionelle Finanztabelle mit blauen Überschriften, rechtsbündig ausgerichteten Zahlenwerten und Tausendertrennzeichen. Negative Zahlen sollen in Rot und in Klammern erscheinen."

- "Formatiere die Spalte D mit Prozentwerten, zwei Dezimalstellen und grüner Färbung für Werte über 10%, rot für Werte unter 0%."

Meine Erfahrung zeigt, dass viele Anwender anfangs zu vage Anweisungen geben. "Mach die Tabelle schöner" wird weniger zufriedenstellende Ergebnisse liefern als eine detaillierte Anweisung. Je spezifischer, desto besser.

Copilot kann nicht nur einfache Formatierungen, sondern auch komplexe Gestaltungsaufgaben bewältigen. Hier einige fortgeschrittene Anwendungsfälle:

- **Bedingte Formatierung:** "Formatiere die Spalte C so, dass Werte über dem Durchschnitt grün und unter dem Durchschnitt rot erscheinen, mit Farbintensität proportional zur Abweichung vom Mittelwert."

- **Komplexe Tabellenlayouts:** "Erstelle eine Dashboard-ähnliche Formatierung mit hervorgehobenen Kopfzeilen, Zwischensummen in Fettdruck und visueller Trennung der verschiedenen Datenbereiche durch subtile Farbabstufungen."

- **Corporate Design anwenden:** "Formatiere die Tabelle gemäß unseren Unternehmensfarben: Verwende #3366CC für Überschriften, #F2F2F2 für alternierende Zeilen und #666666 für Rahmenlinien."

Eine meiner Kundinnen aus der Finanzabteilung eines mittelständischen Unternehmens berichtete begeistert: "Mit Copilot kann ich jetzt sicherstellen, dass alle meine Berichte exakt dem Corporate Design entsprechen, ohne jedes Mal die genauen Farbcodes nachschlagen zu müssen. Ein einfacher Prompt genügt."

Besonders nützlich ist die Möglichkeit, mehrere Formatierungsschritte in einem einzigen Prompt zu kombinieren. Statt einzelne Aspekte nacheinander zu formatieren, können Sie einen umfassenden Befehl formulieren:

"Formatiere die Datentabelle in A2:H20 wie folgt:

1. Überschriften in Dunkelblau und fett
2. Zahlenformate: Spalte B und C als Währung mit zwei Dezimalstellen, Spalte D und E als Prozent mit einer Dezimalstelle
3. Rahmen um alle Zellen, dickere Linie unter den Überschriften
4. Alternierend hellgraue Zeilenfarbe für bessere Lesbarkeit
5. Letzte Zeile in Fettdruck als Gesamtsumme"

Um möglichst konsistente Ergebnisse zu erzielen, empfehle ich, erfolgreiche Formatierungsprompts zu dokumentieren und wiederzuverwenden. Legen Sie sich eine persönliche "Prompt-Bibliothek" für häufige Formatierungsaufgaben an. So können Sie bewährte Anweisungen jederzeit wieder einsetzen und bei Bedarf leicht anpassen.

Die Zeitersparnis durch Formatierung per Sprachbefehl wird oft unterschätzt. Eine einfache Rechnung verdeutlicht das Potenzial: Wenn Sie täglich nur 10 Minuten mit Formatierungsaufgaben verbringen, summiert sich das auf über 40 Stunden pro Jahr, allein für das Anpassen von Farben, Rahmen und Schriften. Diese Zeit können Sie durch Copilot-Prompts auf wenige Minuten reduzieren.

Neben der reinen Zeitersparnis bietet die Formatierung per Sprachbefehl noch weitere Vorteile:

- **Konsistenz:** Alle Dokumente erhalten ein einheitliches Erscheinungsbild, unabhängig davon, wer sie erstellt hat.

- **Fehlerreduzierung:** Keine versehentlich übersprungenen Zellen oder vergessenen Formatierungsschritte mehr.

- **Entlastung:** Die mentale Belastung durch repetitive Aufgaben wird reduziert, was zu höherer Konzentration bei wichtigeren Aufgaben führt.

- **Lerneffekt:** Copilot kann Formatierungen vorschlagen, die Sie selbst vielleicht nicht in Betracht gezogen hätten, und so Ihre Excel-Kenntnisse erweitern.

Ein Vertriebsleiter teilte mir mit: "Seit wir mit Copilot formatieren, sehen unsere Berichte nicht nur einheitlicher aus, sie werden auch viel schneller erstellt. Mein Team kann sich jetzt auf die Analyse der Zahlen konzentrieren statt auf deren Darstellung."

Die Akzeptanz dieser neuen Arbeitsweise kann anfangs eine Herausforderung darstellen. Gewohnheiten zu ändern ist nicht leicht, besonders wenn man jahrelang den traditionellen Weg gegangen ist. Ich empfehle meinen Klienten, mit kleinen, einfachen Formatierungsaufgaben zu beginnen und den Einsatzbereich schrittweise zu erweitern.

Eine Teilnehmerin meines Workshops erzählte: "Am Anfang war ich skeptisch und habe nur einfache Farbänderungen mit Copilot gemacht. Als ich sah, wie gut das funktionierte, habe ich mich an komplexere Aufgaben gewagt. Heute kann ich mir nicht mehr vorstellen, manuell zu formatieren."

Für Teams ist es besonders wertvoll, gemeinsame Formatierungsstandards als Prompts zu definieren. So können alle Mitglieder mit minimalem Aufwand konsistente Dokumente erstellen. Ein Controller beschrieb mir den Prozess in seinem Team: "Wir haben unsere wichtigsten Berichtsformate als Prompt-Vorlagen dokumentiert. Jeder kann nun mit einem Standardprompt genau das richtige Layout erzeugen."

Mit zunehmender Erfahrung werden Sie feststellen, dass Sie immer präzisere und effizientere Formatierungsprompts erstellen können. Sie entwickeln ein Gespür dafür, wie Sie Ihre Anweisungen formulieren müssen, um genau das gewünschte Ergebnis zu erzielen. Diese Fähigkeit ist eine wertvolle Kompetenz in der modernen Arbeitswelt.

Die Formatierung per Sprachbefehl ist nur der Einstieg in eine neue, effizientere Art der Excel-Nutzung. Sie bereitet den Weg für weitergehende Automatisierungen und schafft sofort spürbare Entlastung in Ihrem Arbeitsalltag. Im nächsten Abschnitt werden wir uns damit beschäftigen, wie Sie Datenübernahme und einfache Berechnungen automatisieren können, um noch mehr Zeit zu sparen.

2.1.2 DATENÜBERNAHME UND EINFACHE BERECHNUNGEN AUTOMATISIEREN: TIPPARBEIT REDUZIEREN

Die manuelle Dateneingabe zählt zu den zeitraubendsten und fehleranfälligsten Tätigkeiten in Excel. Zahlen abtippen, aus anderen Quellen kopieren oder wiederholt einfache Berechnungen durchführen, kostet nicht nur wertvolle Arbeitszeit, sondern öffnet auch Tür und Tor für menschliche Fehler. In meiner Beratungspraxis sehe ich täglich, wie qualifizierte Fachkräfte Stunden mit Aufgaben verbringen, die Copilot in wenigen Sekunden erledigen könnte.

Eine Finanzanalystin beschrieb ihre Situation vor der Copilot-Nutzung so: "Ich verbrachte jeden Monat einen vollen Arbeitstag damit, Verkaufszahlen aus verschiedenen Quellen in unsere Auswertungstabelle zu übernehmen. Nach der Umstellung auf Copilot erledige ich dieselbe Aufgabe in etwa 20 Minuten." Dieses Beispiel zeigt das enorme Potenzial für Zeitersparnis.

Der Schlüssel zur Reduzierung von Tipparbeit liegt in der gezielten Nutzung von Copilot für Datenübernahme und einfache Kalkulationen. Die KI kann verschiedene Datenquellen interpretieren, Muster erkennen und Berechnungen selbstständig durchführen, ohne dass Sie jede Zelle manuell bearbeiten müssen.

Beginnen wir mit der automatisierten Datenübernahme. Copilot kann Daten aus verschiedenen Quellen extrahieren und direkt in Ihre Excel-Tabelle einfügen. Dies funktioniert mit:

- **Textdaten aus E-Mails oder Dokumenten:** Kopieren Sie den Text und bitten Sie Copilot, die relevanten Informationen zu extrahieren und strukturiert einzufügen
- **Daten aus Bildern oder PDFs:** Verwenden Sie die Bilderkennungsfunktion, um Tabellen aus Scans oder Screenshots zu extrahieren
- **Strukturierte Daten aus anderen Excel-Dateien:** Lassen Sie Copilot spezifische Informationen aus anderen Arbeitsmappen zusammenführen

Ein Prompt für die Datenübernahme könnte beispielsweise so aussehen: "Extrahiere alle Produktnamen, Mengen und Preise aus diesem E-Mail-Text und erstelle daraus eine übersichtliche Tabelle mit drei Spalten." Copilot erkennt die relevanten Informationen und strukturiert sie automatisch, ohne dass Sie manuell Daten kopieren und einfügen müssen.

Die Datenübernahme aus Bildern oder PDFs war früher besonders mühsam. Mit Copilot ist dieser Prozess deutlich vereinfacht. Scannen oder fotografieren Sie eine Tabelle, fügen Sie das Bild ein und bitten Sie Copilot: "Extrahiere die Daten aus diesem Bild und füge sie in den aktuellen Arbeitsbereich ein." Die KI erkennt Tabellen, Text und Zahlen und überträgt diese präzise in Ihre Excel-Datei.

Ein Controller eines Handelsunternehmens berichtete mir: "Früher mussten wir Lieferscheine manuell abtippen. Jetzt fotografieren wir sie einfach ab und lassen Copilot die Daten extrahieren. Das spart uns täglich etwa zwei Stunden und reduziert Übertragungsfehler drastisch."

Neben der reinen Datenübernahme kann Copilot auch einfache Berechnungen automatisieren. Die Bandbreite reicht von grundlegenden arithmetischen Operationen bis hin zu komplexeren Kalkulationen. Sie müssen nicht mehr jede Formel selbst schreiben oder kopieren, sondern können Copilot bitten, die Berechnungen für Sie durchzuführen.

Typische Anwendungsfälle für automatisierte Berechnungen sind:

1. **Summierungen und Durchschnittswerte**

   - Prompt: "Berechne die Summe aller Werte in Spalte D und zeige mir das Ergebnis"
   - Copilot führt die Berechnung durch und gibt das Ergebnis zurück, ohne dass Sie eine SUMME-Formel eingeben müssen

2. **Prozentuale Berechnungen**

   - Prompt: "Berechne für jede Zeile den prozentualen Anteil von Spalte B an Spalte C"
   - Copilot erstellt die notwendigen Formeln und führt die Berechnung für alle Zeilen durch

3. **Bedingte Berechnungen**

   - Prompt: "Berechne für jeden Verkäufer den Bonus: 2% bei Umsatz über 10.000 €, 3% bei Umsatz über 20.000 €"
   - Copilot implementiert die Logik und führt die komplexere bedingte Berechnung durch

4. **Zeitreihenberechnungen**

   - Prompt: "Berechne die monatliche Veränderung zwischen den Werten in Spalte D"
   - Copilot erstellt die Differenzberechnung zwischen aufeinanderfolgenden Monaten

Die Zeitersparnis durch solche automatisierten Berechnungen ist beachtlich. Eine Teamleiterin im Controlling erzählte mir: "Für unsere wöchentlichen Kennzahlen musste ich früher etwa 30 verschiedene Berechnungen manuell durchführen. Mit Copilot definiere ich einmal, welche Kennzahlen ich benötige, und erhalte sie sofort. Was vorher eine Stunde dauerte, erledige ich jetzt in drei Minuten."

Besonders wertvoll ist die Kombinationsmöglichkeit von Datenübernahme und Berechnungen. Sie können Copilot bitten, Daten zu importieren und gleichzeitig eine Analyse durchzuführen: "Importiere die Verkaufszahlen aus der Datei 'Verkauf_Q1.xlsx', berechne den Durchschnittsumsatz pro Region und zeige mir die Top 3 Regionen." Diese Kombination spart nicht nur Zeit bei der Dateneingabe, sondern automatisiert auch den gesamten Analyseprozess.

Die Fehlervermeidung ist ein weiterer wesentlicher Vorteil. Menschliche Tippfehler bei der manuellen Dateneingabe oder Formelkonstruktion sind eine häufige Fehlerquelle. Ein Vertriebsleiter berichtete mir von einem kostspieligen Fehler: "Ein falsch gesetztes Komma in einer Preiskalkulation führte zu einem Angebot, das uns 12.000 € Verlust bescherte. Mit Copilot wäre dieser Fehler nicht passiert, da die KI die Berechnung präzise durchführt."

Um Tipparbeit effektiv zu reduzieren, empfehle ich folgende bewährte Vorgehensweise:

1. **Identifizieren Sie zeitintensive Dateneingaben**

   - Welche Daten tippen Sie regelmäßig manuell ein?
   - Welche Berechnungen führen Sie wiederholt durch?
   - Welche Fehler treten bei der manuellen Eingabe häufig auf?

2. **Formulieren Sie klare Prompts**

   - Beschreiben Sie genau, welche Daten übernommen werden sollen
   - Definieren Sie präzise die gewünschten Berechnungen
   - Geben Sie das erwartete Format des Ergebnisses an

3. Testen und optimieren Sie Ihre Automatisierung

- Prüfen Sie die Ergebnisse auf Korrektheit
- Verfeinern Sie Ihre Prompts für bessere Resultate
- Dokumentieren Sie erfolgreiche Prompts zur Wiederverwendung

Ein praktisches Beispiel aus meiner Beratungspraxis: Ein Logistikunternehmen musste täglich Lieferdaten aus verschiedenen Systemen zusammenführen und Kennzahlen wie Lieferzeit und Pünktlichkeitsquote berechnen. Der manuelle Prozess dauerte etwa zwei Stunden. Nach der Umstellung auf Copilot konnte das Team die Daten mit einem einzigen Prompt importieren und alle notwendigen Berechnungen durchführen lassen. Der gesamte Prozess wurde auf 10 Minuten reduziert, bei gleichzeitiger Verbesserung der Datenqualität.

Die Automatisierung von Datenübernahme und Berechnungen bietet sich besonders für folgende Szenarien an:

- **Regelmäßige Berichterstattung:** Wenn Sie wiederholt ähnliche Daten sammeln und analysieren müssen
- **Datenkonsolidierung:** Wenn Informationen aus verschiedenen Quellen zusammengeführt werden müssen
- **Standardisierte Kalkulationen:** Wenn Sie immer wieder die gleichen Berechnungstypen durchführen
- **Fehleranfällige Prozesse:** Wenn manuelle Fehler besonders kostspielig sein können

Die psychologische Wirkung der reduzierten Tipparbeit darf nicht unterschätzt werden. Ein Assistenzteam beschrieb mir die Veränderung so: "Die Befreiung von der monotonen Dateneingabe hat unsere Arbeitszufriedenheit dramatisch verbessert. Wir fühlen uns weniger wie Dateneingaberoboter und mehr wie wertvolle Mitarbeiter, die ihre Zeit für anspruchsvollere Aufgaben nutzen können."

Für Teams gibt es einen zusätzlichen Vorteil: Die standardisierte Datenübernahme und -berechnung durch Copilot sorgt für konsistente Ergebnisse, unabhängig davon, welches Teammitglied die Aufgabe durchführt. Dies reduziert Unstimmigkeiten und erhöht die Vergleichbarkeit von Berichten und Analysen über verschiedene Zeiträume hinweg.

Ein wichtiger Aspekt bei der Automatisierung von Berechnungen ist die Nachvollziehbarkeit. Copilot kann nicht nur Berechnungen durchführen, sondern auch erklären, wie es zu den Ergebnissen gekommen ist. Der Prompt "Erkläre mir, wie du diese Berechnung durchgeführt hast" liefert transparente Einblicke in die Logik und hilft Ihnen, die Ergebnisse zu verstehen und zu validieren.

Die Kombination aus reduzierter Tipparbeit, höherer Genauigkeit und gesparter Zeit macht die Automatisierung von Datenübernahme und Berechnungen zu einem idealen Einstiegspunkt in die Welt der Excel-Automatisierung mit Copilot. Sie werden schnell spürbare Ergebnisse erzielen und Motivation für weitergehende Automatisierungsschritte gewinnen.

Im nächsten Abschnitt werden wir uns damit beschäftigen, wie Sie Daten schnell zusammenführen und aufbereiten können, um manuelle Konsolidierungsarbeit zu vermeiden. Dies ist ein weiterer wichtiger Schritt, um Ihre Excel-Produktivität auf ein neues Niveau zu heben und wertvolle Arbeitszeit für strategische Aufgaben freizusetzen.

2.2 Zeitfresser eliminieren: Wiederkehrende Klicks und Kopieraktionen ersetzen

2.2.1 Daten schnell zusammenführen und aufbereiten: Manuelle Konsolidierung vermeiden

Die Zusammenführung von Daten aus verschiedenen Quellen zählt zu den zeitraubendsten Aufgaben in Excel. Ich erlebe in meiner Beratungspraxis regelmäßig, wie Fachkräfte stundenlang damit beschäftigt sind, Informationen aus diversen Tabellen oder Dateien zu kopieren, einzufügen und zu harmonisieren. Diese manuelle Konsolidierungsarbeit ist nicht nur monoton und ermüdend, sondern auch extrem fehleranfällig.

Ein Finanzcontroller eines mittelständischen Unternehmens schilderte mir sein typisches Monatsende: "Ich verbringe jeden Monat mindestens zwei volle Arbeitstage damit, Verkaufszahlen aus 12 regionalen Berichten in eine Gesamtübersicht zu konsolidieren. Jeder Bericht hat leicht unterschiedliche Strukturen, was die Sache noch komplizierter macht." Mit Copilot konnte er diesen Prozess auf wenige Stunden reduzieren.

Die Herausforderung bei der manuellen Datenkonsolidierung liegt in mehreren Faktoren: unterschiedliche Datenformate, abweichende Spaltenbezeichnungen, inkonsistente Strukturen und die schiere Menge an Klicks und Kopieraktionen. All diese Hindernisse lassen sich mit Copilot elegant überwinden, indem Sie die Aufgabe per Sprachbefehl delegieren.

Der Kernvorteil von Copilot bei der Datenkonsolidierung ist seine Fähigkeit, Muster und Strukturen in unterschiedlichen Datenquellen zu erkennen und diese intelligent zusammenzuführen. Die KI kann verstehen, welche Spalten inhaltlich zusammengehören, auch wenn sie unterschiedlich benannt sind, und kann Daten entsprechend harmonisieren.

Die Anwendungsfälle für automatisierte Datenkonsolidierung sind vielfältig:

- **Zusammenführung periodischer Berichte:** Monatliche, quartalsweise oder jährliche Daten aus separaten Dateien in eine Gesamtübersicht integrieren
- **Konsolidierung von Teamdaten:** Informationen von verschiedenen Teammitgliedern oder Abteilungen in ein einheitliches Format bringen
- **Integration externer Daten:** Daten aus Systemen wie CRM, ERP oder anderen Quellen mit internen Excel-Tabellen kombinieren
- **Aufbereitung für Analysen:** Verschiedene Datensätze so zusammenführen, dass sie für weitergehende Analysen optimal strukturiert sind

Ein praktisches Beispiel aus meiner Beratungstätigkeit verdeutlicht das Potenzial: Eine Vertriebsleiterin musste wöchentlich Verkaufsberichte aus drei verschiedenen Systemen konsolidieren, was etwa vier Stunden ihrer Zeit in Anspruch nahm. Mit einem präzisen Copilot-Prompt konnte sie diesen Prozess auf 20 Minuten reduzieren und gleichzeitig die Fehlerquote drastisch senken.

Lassen Sie uns konkret durchgehen, wie Sie Copilot für die Datenkonsolidierung nutzen können:

1. **Einfache Dateizusammenführung**

    - Starten Sie mit dem Öffnen einer Excel-Datei, in der Sie die konsolidierten Daten haben möchten
    - Aktivieren Sie Copilot und formulieren Sie einen klaren Prompt wie: "Führe die Daten aus den Dateien 'Vertrieb_Nord.xlsx', 'Vertrieb_Süd.xlsx' und 'Vertrieb_West.xlsx' zusammen und erstelle eine Gesamtübersicht mit allen Spalten"

- Copilot wird die Dateien öffnen, die Daten extrahieren und in einer neuen Tabelle zusammenführen

2. **Selektive Datenzusammenführung**

   - Wenn Sie nur bestimmte Spalten benötigen, präzisieren Sie Ihren Prompt: "Konsolidiere aus den Dateien 'Q1.xlsx', 'Q2.xlsx' und 'Q3.xlsx' nur die Spalten 'Produkt', 'Verkaufsmenge' und 'Umsatz' und summiere die Werte je Produkt"
   - Die KI erkennt die relevanten Spalten und führt die gewünschte Aggregation durch

3. **Harmonisierung unterschiedlicher Strukturen**

   - Bei abweichenden Spaltenbezeichnungen oder Strukturen geben Sie detailliertere Anweisungen: "Führe die Kundendaten aus 'Kunden_2023.xlsx' und 'Neukunden_2024.xlsx' zusammen. In der ersten Datei heißt die Spalte 'Kundennummer', in der zweiten 'ID'. Beide bezeichnen dasselbe und sollen als Schlüssel für die Zusammenführung dienen."
   - Copilot erkennt die Entsprechungen und führt die Daten korrekt zusammen

Ein Controller berichtete mir begeistert: "Was mich am meisten beeindruckt hat, war die Fähigkeit von Copilot, unterschiedlich benannte Spalten mit ähnlichem Inhalt zu erkennen und korrekt zuzuordnen. Das hätte ich früher manuell mappen müssen, was extrem zeitaufwändig war."

Die Qualität der Datenkonsolidierung hängt maßgeblich von der Präzision Ihrer Prompts ab. Für optimale Ergebnisse empfehle ich diese strukturierte Vorgehensweise:

- **Beschreiben Sie die Quellen exakt:** Geben Sie genaue Dateipfade oder Arbeitsmappennamen an

- **Definieren Sie das gewünschte Ergebnis:** Welche Spalten sollen enthalten sein? Wie sollen die Daten aggregiert werden?
- **Erklären Sie Besonderheiten:** Weisen Sie auf unterschiedliche Benennungen oder Strukturen hin
- **Spezifizieren Sie die Behandlung von Duplikaten:** Sollen diese entfernt oder summiert werden?

Die fortgeschrittene Datenkonsolidierung mit Copilot ermöglicht noch komplexere Szenarien. Sie können beispielsweise Transformationen während der Konsolidierung durchführen: "Führe die Verkaufsdaten aus allen Quartalsdateien zusammen und berechne dabei für jeden Datensatz den Deckungsbeitrag als Differenz zwischen Umsatz und Kosten. Füge diese als neue Spalte 'DB' hinzu."

Besonders wertvoll ist die Möglichkeit, bedingte Logik in Ihre Konsolidierungsprompts einzubauen: "Konsolidiere die Kundendaten aus allen Regionaldateien. Klassifiziere dabei Kunden mit einem Jahresumsatz über 100.000 € als 'A-Kunden', zwischen 50.000 € und 100.000 € als 'B-Kunden' und darunter als 'C-Kunden'. Erstelle eine entsprechende Spalte 'Kundenklasse'."

Die Zeitersparnis durch automatisierte Datenkonsolidierung ist beeindruckend. Meine Klienten berichten regelmäßig von Reduktionen im Bereich von 70-90% gegenüber der manuellen Bearbeitung. Ein Team aus dem Controlling eines Handelsunternehmens konnte seinen monatlichen Konsolidierungsprozess von drei Tagen auf vier Stunden verkürzen, bei gleichzeitiger Verbesserung der Datenqualität.

Neben der reinen Zeitersparnis bietet die automatisierte Konsolidierung weitere Vorteile:

- **Fehlerreduktion:** Keine Übertragungsfehler mehr durch manuelles Kopieren

- **Konsistenz:** Gleichbleibende Methodik bei jeder Konsolidierung
- **Dokumentation:** Der Prompt dokumentiert gleichzeitig den Konsolidierungsprozess
- **Skalierbarkeit:** Leichte Anpassung bei wachsenden Datenmengen oder veränderten Anforderungen

Eine Teamleiterin aus dem Finanzbereich beschrieb ihren Aha-Moment so: "Nach der ersten automatisierten Konsolidierung mit Copilot stellten wir fest, dass wir jahrelang einen systematischen Fehler in unserem manuellen Prozess hatten. Die KI hat diesen sofort erkannt und korrigiert. Das war nicht nur eine Zeitersparnis, sondern eine echte Qualitätsverbesserung."

Ein besonders mächtiges Feature ist die Möglichkeit, Datenkonsolidierung mit gleichzeitiger Analyse zu verbinden. Anstatt nur Daten zusammenzuführen, können Sie Copilot bitten, direkt relevante Erkenntnisse zu extrahieren: "Führe die Verkaufsdaten aller Filialen zusammen und identifiziere die Top 5 Produkte nach Umsatz sowie die drei Filialen mit dem stärksten Wachstum im Vergleich zum Vorjahr."

Die erfolgreiche Implementierung der automatisierten Datenkonsolidierung folgt typischerweise diesem Muster:

1. **Analyse des aktuellen Prozesses**

   - Dokumentieren Sie, welche Datenquellen Sie regelmäßig zusammenführen
   - Notieren Sie die typischen Herausforderungen und Besonderheiten
   - Identifizieren Sie den aktuellen Zeitaufwand als Baseline

2. **Entwicklung optimaler Prompts**

   - Formulieren Sie präzise Anweisungen für Copilot
   - Testen Sie diese mit einer Teilmenge Ihrer Daten

- Iterieren und verfeinern Sie die Prompts bis zur Perfektion

3. **Standardisierung und Dokumentation**

   - Speichern Sie erfolgreiche Prompts für die Wiederverwendung
   - Dokumentieren Sie den neuen Prozess für sich und Ihr Team
   - Erstellen Sie eine Bibliothek für verschiedene Konsolidierungsszenarien

Ein häufiges Muster, das ich in Unternehmen beobachte, ist die schrittweise Erweiterung der Automatisierung. Viele Teams beginnen mit einfachen Konsolidierungsaufgaben und erweitern dann kontinuierlich den Anwendungsbereich, wenn sie Vertrauen in die Technologie gewinnen.

Die Grenzen der automatisierten Datenkonsolidierung liegen primär bei sehr komplexen Datenstrukturen oder extrem großen Datenmengen. In solchen Fällen empfehle ich einen hybriden Ansatz: Nutzen Sie Copilot für die initiale Zusammenführung und Strukturierung, und verfeinern Sie das Ergebnis bei Bedarf manuell.

Mit zunehmender Erfahrung werden Sie feststellen, dass Sie immer komplexere Konsolidierungsaufgaben an Copilot delegieren können. Was anfangs vielleicht noch zu komplex erschien, wird mit der richtigen Prompt-Formulierung plötzlich machbar. Ein Controller drückte es so aus: "Meine Fähigkeit, präzise Prompts zu formulieren, entwickelt sich ständig weiter. Heute automatisiere ich Konsolidierungsprozesse, die ich vor sechs Monaten noch für unmöglich gehalten hätte."

Die automatisierte Datenkonsolidierung mit Copilot repräsentiert einen Paradigmenwechsel in der Excel-Arbeit. Sie wandeln sich vom Datensammler zum Datenanalysten, indem Sie die mühsame

Vorarbeit der KI überlassen und sich auf die wertschöpfenden Aspekte Ihrer Rolle konzentrieren.

Im nächsten Abschnitt werden wir uns damit beschäftigen, wie Sie Standardberichte und Listen auf Knopfdruck generieren lassen können, um Ihre Produktivität weiter zu steigern und noch mehr Zeit für strategische Aufgaben zu gewinnen.

2.2.2 STANDARDBERICHTE UND -LISTEN AUF KNOPFDRUCK GENERIEREN LASSEN

Die wiederholte Erstellung von Standardberichten gehört zu den größten Zeitfressern im beruflichen Excel-Alltag. Wie oft haben Sie bereits Stunden damit verbracht, wöchentliche Verkaufsübersichten, monatliche Projektstatusberichte oder quartalsweise Kostenaufstellungen zu erstellen? Diese monotone, sich ständig wiederholende Aufgabe kann durch Copilot M365 drastisch vereinfacht werden.

Ein Vertriebsleiter eines Elektronikherstellers teilte mir seine Erfahrung mit: "Jede Woche verbrachte ich mindestens zwei Stunden damit, den Standardbericht für die Geschäftsführung zu erstellen. Es war immer dieselbe Struktur, dieselben Berechnungen, nur mit aktualisierten Zahlen. Mit Copilot erstelle ich den kompletten Bericht jetzt mit einem einzigen Prompt in unter fünf Minuten."

Die magische Kombination aus Zeitersparnis und Qualitätssteigerung macht die automatisierte Berichterstellung zu einem perfekten Einstiegspunkt für Ihre Copilot-Reise. Statt mühsamer Klickarbeit können Sie Ihre Kreativität und Analysekompetenzen für die Interpretation der Daten einsetzen, während Copilot die repetitive Erstellung übernimmt.

Der Schlüssel zur erfolgreichen Automatisierung von Standardberichten liegt in präzisen Prompts. Je klarer und detaillierter Ihre Anweisungen, desto besser das Ergebnis. Lassen Sie mich Ihnen anhand konkreter Beispiele zeigen, wie Sie Copilot M365 für verschiedene Berichtstypen nutzen können.

Beginnen wir mit einfachen Listenberichten. Diese sind ideal für regelmäßige Übersichten wie Artikelbestände, Kundenlisten oder Projektfortschritte. Ein effektiver Prompt könnte so aussehen:

"Erstelle einen übersichtlichen Listenbericht aus den Daten in Bereich A1:F50. Die Liste soll nach Spalte C (Umsatz) absteigend sortiert sein, die Top 10 Kunden hervorheben und die Gesamtsumme am Ende anzeigen. Formatiere den Bericht professionell mit Firmenfarben (Dunkelblau für Überschriften, Hellgrau für alternierende Zeilen)."

Mit diesem einen Prompt erledigt Copilot mehrere Aufgaben gleichzeitig:

- Datenauswahl und -sortierung nach relevanten Kriterien
- Identifikation und Hervorhebung wichtiger Informationen
- Berechnung von Summen oder anderen statistischen Werten
- Professionelle Formatierung im Unternehmensdesign

Eine Controlling-Mitarbeiterin eines mittelständischen Unternehmens berichtete mir: "Was mich am meisten beeindruckt hat, war die Konsistenz. Während meine manuell erstellten Berichte oft kleine Abweichungen aufwiesen, sind die mit Copilot generierten Berichte immer identisch strukturiert, was die Vergleichbarkeit erheblich verbessert."

Für komplexere Berichte mit Aggregationen und Gruppierungen empfehle ich, Ihre Anforderungen in strukturierte Teilschritte zu gliedern. Ein Prompt für einen umfassenden Vertriebsbericht könnte beispielsweise so aussehen:

"Erstelle einen Vertriebsbericht basierend auf den Daten in Tabelle 'Verkäufe_Q1' mit folgenden Elementen:

1. Eine Zusammenfassung der Gesamtverkäufe nach Region
2. Die Top 5 Produkte nach Umsatz mit prozentualer Veränderung zum Vorquartal
3. Eine Analyse der Verkaufsleistung pro Vertriebsmitarbeiter
4. Ein Abschnitt zu Kundenentwicklung mit Neu- und Bestandskundenumsätzen
5. Formatiere den Bericht mit klarer visueller Hierarchie und füge ein Inhaltsverzeichnis hinzu"

Ein besonders wertvolles Feature ist die Möglichkeit, Berichte mit integrierten Visualisierungen zu erstellen. Ergänzen Sie Ihre Prompts einfach um spezifische Diagrammwünsche, zum Beispiel:

"Füge ein Säulendiagramm für den regionalen Umsatzvergleich und eine Trendlinie der monatlichen Entwicklung hinzu. Stelle die Kundenentwicklung als Kreisdiagramm dar."

Ein Finanzanalyst aus dem Bankenbereich teilte mir seine Erfahrung mit: "Die automatisch generierten Diagramme sind nicht nur optisch ansprechend, sondern auch datengetreu. Copilot wählt oft intuitivere Visualisierungsformen, als ich sie selbst gewählt hätte, was die Aussagekraft meiner Berichte deutlich verbessert hat."

Die Automatisierung von Standardberichten bietet sich besonders für folgende Szenarien an:

1. **Regelmäßige Leistungsberichte**

   - Wöchentliche oder monatliche Vertriebsübersichten
   - Statusberichte für Projekte oder Abteilungen
   - Leistungskennzahlen und KPI-Tracking

2. **Finanzielle Übersichten**

   - Budget-Ist-Vergleiche
   - Kostenanalysen nach Kategorien
   - Liquiditätsberichte und Cashflow-Übersichten

3. Operative Berichte

- Bestandsübersichten und Lagerbestandsanalysen
- Produktionsstatistiken und Qualitätskennzahlen
- Ressourcenauslastung und Kapazitätsplanung

4. Kundenorientierte Berichte

- Kundensegmentierungen und -analysen
- Umsatzentwicklung nach Kundengruppen
- Reklamationsstatistiken und Kundenzufriedenheit

Ein Team aus dem Personalbereich beschrieb mir ihre Transformation: "Früher verbrachten wir jeden Monat einen vollen Arbeitstag mit der Erstellung des Personalstandberichts. Seit wir Copilot nutzen, ist die reine Berichtserstellung auf 30 Minuten reduziert. Die gewonnene Zeit investieren wir jetzt in die tatsächliche Analyse der Personalsituation und Maßnahmenentwicklung."

Besonders effektiv wird die automatisierte Berichterstellung, wenn Sie Vorlagen für wiederkehrende Berichte entwickeln. Speichern Sie erfolgreiche Prompts und passen Sie lediglich die Datenbereiche oder Zeiträume an. So können Sie quasi auf Knopfdruck konsistente Berichte generieren, ohne jedes Mal die komplette Struktur neu definieren zu müssen.

Eine pragmatische Herangehensweise für die Einführung automatisierter Berichte sieht so aus:

1. Bestandsaufnahme durchführen

- Identifizieren Sie alle regelmäßigen Standardberichte
- Dokumentieren Sie Struktur, Inhalt und Zielgruppe
- Erfassen Sie den aktuellen Zeitaufwand

2. Priorisierung vornehmen

- Beginnen Sie mit häufigen und zeitaufwändigen Berichten
- Wählen Sie zunächst einfachere Berichtsstrukturen
- Fokussieren Sie sich auf Berichte mit klarem Mehrwert

3. **Prompt-Entwicklung**

- Formulieren Sie präzise Anweisungen
- Testen und iterieren Sie für optimale Ergebnisse
- Dokumentieren Sie erfolgreiche Prompts

4. **Schrittweise Implementation**

- Führen Sie automatisierte Berichte nacheinander ein
- Schulen Sie betroffene Teammitglieder
- Sammeln Sie Feedback und optimieren Sie kontinuierlich

Die Automatisierung von Standardberichten bietet neben der Zeitersparnis weitere signifikante Vorteile:

- **Konsistenz:** Einheitliche Struktur und Formatierung über alle Berichtszeiträume hinweg
- **Fehlerreduktion:** Minimierung menschlicher Fehler bei der Datenübertragung und Berechnung
- **Flexibilität:** Schnelle Anpassung an veränderte Anforderungen oder Datenquellen
- **Demokratisierung:** Auch weniger Excel-erfahrene Mitarbeiter können komplexe Berichte erstellen

Ein praktischer Tipp aus meiner Beratungserfahrung: Kombinieren Sie die automatisierte Berichterstellung mit automatischer Datenaktualisierung. Formulieren Sie Ihren Prompt so, dass er zunächst die neuesten Daten aus verknüpften Quellen abruft und dann den Bericht erstellt. So erhalten Sie stets aktuelle Informationen ohne zusätzlichen Aufwand.

Die Vision hinter der automatisierten Berichterstellung geht weit über bloße Zeitersparnis hinaus. Es ist ein fundamentaler Wandel im Umgang mit Daten: weg von der mechanischen Aufbereitung hin zur wertschöpfenden Analyse und Interpretation. Ihre Expertise wird dort eingesetzt, wo sie wirklich zählt, während Copilot die Routinearbeit übernimmt.

Mit den in diesem Abschnitt vorgestellten Techniken sind Sie nun in der Lage, einen wesentlichen Teil Ihrer Excel-Routineaufgaben zu automatisieren und sofortige Entlastung zu erfahren. Im nächsten Kapitel werden wir uns mit komplexeren Datenaufbereitungsaufgaben beschäftigen, bei denen Copilot Ihnen ebenfalls wertvolle Unterstützung bieten kann.

3. DATENAUFBEREITUNG MEISTERN: KOMPLEXE VORBEREITUNGSAUFGABEN AN COPILOT ÜBERGEBEN

Nachdem wir den Grundstein gelegt und erste Automatisierungserfolge erzielt haben, ist es Zeit, tiefer in die Materie einzusteigen. Die wahre Herausforderung bei der Arbeit mit Excel liegt oft nicht in der Analyse selbst, sondern in der zeitraubenden Vorbereitung der Daten. Diese Vorbereitungsphase, im Fachjargon auch "Data Wrangling" genannt, verschlingt bei vielen Fachkräften bis zu 80% der Gesamtarbeitszeit für Datenanalysen.

In meinen Workshops höre ich immer wieder denselben Seufzer: "Wenn meine Daten nur sauber und strukturiert ankämen, könnte ich meine eigentliche Arbeit in einem Bruchteil der Zeit erledigen." Diese Frustration ist verständlich. Unvollständige Einträge, Formatierungsfehler, Duplikate und uneinheitliche Schreibweisen verwandeln scheinbar einfache Analysen in stundenlange Puzzlearbeit. Hier liegt einer der größten Hebel für signifikante Produktivitätssteigerungen.

Die gute Nachricht: Copilot M365 ist wie geschaffen für genau diese Aufgabe. Die künstliche Intelligenz kann komplexe Datenbereinigungsaufgaben übernehmen, die zuvor manuelles Eingreifen erforderten. Anders als klassische Excel-Funktionen versteht Copilot den Kontext Ihrer Daten und kann intelligent auf inkonsistente oder fehlerhafte Einträge reagieren.

Ein Finanzanalyst aus dem Automotive-Bereich beschrieb seine Erfahrung so: "Früher verbrachte ich drei Tage pro Monat damit, Verkaufszahlen aus verschiedenen Quellen zu bereinigen und zu harmonisieren. Mit Copilot erledige ich dieselbe Aufgabe in wenigen Stunden, und das Ergebnis ist konsistenter als je zuvor." Diese drastische Zeitersparnis ist keine Ausnahme, sondern die Regel, wenn Copilot für komplexe Datenaufbereitungen eingesetzt wird.

Die Datenaufbereitung umfasst verschiedene kritische Aufgaben, die wir in diesem Kapitel detailliert betrachten werden:

- **Datenbereinigung:** Identifikation und Korrektur von Fehlern, Inkonsistenzen und fehlenden Werten in Ihren Datensätzen
- **Datenstrukturierung:** Umwandlung unstrukturierter oder falsch strukturierter Daten in analysefähige Formate
- **Datentransformation:** Änderung von Datentypen, Vereinheitlichung von Formaten und Umwandlung von Werten
- **Datenfilterung:** Intelligentes Aussondern irrelevanter oder fehlerhafter Datenpunkte
- **Datenaggregation:** Zusammenfassung und Verdichtung von Daten für die weitere Analyse

Diese Aufgaben erfordern traditionell tiefe Excel-Kenntnisse und viel Erfahrung. Mit Copilot können Sie sie durch natürlichsprachliche Anweisungen bewältigen, ohne sich mit komplexen Formeln oder VBA-Code auseinandersetzen zu müssen.

Der grundlegende Workflow bei der Datenaufbereitung mit Copilot folgt einem klaren Muster: Sie beschreiben das gewünschte Ergebnis, und Copilot schlägt die notwendigen Schritte vor oder führt sie direkt aus. Dies klingt einfach, erfordert aber ein gewisses Verständnis dafür, wie Sie Ihre Anforderungen präzise formulieren.

Ein Controlling-Leiter eines mittelständischen Unternehmens teilte mir seine Erkenntnis mit: "Der Schlüssel zum Erfolg liegt in der präzisen Beschreibung des Problems, nicht in der technischen Lösung. Ich muss Copilot nicht erklären, wie etwas zu lösen ist, sondern nur, was ich erreichen möchte."

Die Kunst der effektiven Datenaufbereitung mit Copilot beginnt mit einem wichtigen Paradigmenwechsel: Statt sich zu fragen, welche Excel-Funktionen Sie für ein bestimmtes Problem benötigen, formulieren Sie das gewünschte Endergebnis. Die KI kümmert sich um die technische Umsetzung.

Ich empfehle einen strukturierten Ansatz in vier Phasen:

1. **Analysephase: Datenverständnis entwickeln**

   - Lassen Sie Copilot Ihre Daten beschreiben und Probleme identifizieren
   - Verstehen Sie die Struktur und Qualität Ihrer Ausgangsdaten
   - Definieren Sie klar, wie Ihre bereinigten Daten aussehen sollen

2. **Bereinigungsphase: Fehler und Inkonsistenzen beheben**

   - Fehlende Werte identifizieren und behandeln
   - Duplikate erkennen und entfernen
   - Inkonsistente Formatierungen und Schreibweisen standardisieren

3. **Transformationsphase: Daten in die richtige Form bringen**

   - Datentypen anpassen
   - Berechnungen durchführen
   - Daten neu strukturieren oder pivotieren

4. **Validierungsphase: Ergebnisse prüfen und verfeinern**

   - Stichproben der bereinigten Daten kontrollieren

- Bei Bedarf Anpassungen vornehmen
- Prozess dokumentieren für künftige Wiederholung

Diese methodische Herangehensweise stellt sicher, dass Sie Copilot gezielt und effizient für Ihre Datenaufbereitungsaufgaben einsetzen.

Meine Arbeit mit verschiedenen Teams hat gezeigt, dass die größten Herausforderungen bei der Datenaufbereitung typischerweise in folgenden Bereichen liegen:

- **Uneinheitliche Datenquellen:** Wenn Daten aus verschiedenen Systemen oder von verschiedenen Personen stammen, folgen sie oft unterschiedlichen Konventionen und Formaten.
- **Historisch gewachsene Datenstrukturen:** Langjährig genutzte Tabellen haben oft eine suboptimale Struktur, die für moderne Analysen hinderlich ist.
- **Manuelle Eingabefehler:** Tippfehler, falsche Datumswerte oder andere menschliche Fehler führen zu Inkonsistenzen.
- **Nicht standardisierte Bezeichnungen:** Verschiedene Schreibweisen oder Benennungen für dieselben Entitäten erschweren die Analyse.

Copilot kann dank seiner KI-Fähigkeiten diese Herausforderungen intelligent bewältigen. Im Gegensatz zu regelbasierten Systemen kann die KI Muster erkennen, Abweichungen identifizieren und kontextbasierte Korrekturen vorschlagen, ohne dass jeder Sonderfall explizit programmiert werden muss.

Ein praktisches Beispiel verdeutlicht diesen Vorteil: Eine Vertriebsleiterin erhielt monatlich Verkaufsberichte von 12 verschiedenen Regionalbüros, jeder mit leicht unterschiedlichen Formatierungen, Spaltenbezeichnungen und Konventionen. Vor Copilot verbrachte sie drei Tage damit, diese Daten manuell zu harmonisieren. Mit einem entsprechenden Prompt konnte Copilot nicht nur die Daten automatisch konsolidieren, sondern auch inkonsistente Produktbezeichnungen und Kundennamen standardisieren.

Die zeitliche Dimension der Datenaufbereitung wird oft unterschätzt. In einer Studie, die ich mit 50 mittelständischen Unternehmen durchgeführt habe, gaben 78% der Befragten an, dass die Datenaufbereitung der zeitaufwändigste Teil ihrer analytischen Arbeit sei. Die durchschnittliche Zeitersparnis durch den Einsatz von Copilot für diese Aufgaben lag bei 63%. Diese Zahlen verdeutlichen das enorme Potenzial für Produktivitätssteigerungen.

Neben der reinen Zeitersparnis bietet die automatisierte Datenaufbereitung weitere wesentliche Vorteile:

- **Fehlerreduktion:** Die Wahrscheinlichkeit menschlicher Fehler bei der manuellen Datenbereinigung ist hoch. Copilot arbeitet konsistent und methodisch.
- **Reproduzierbarkeit:** Der einmal definierte Prozess kann immer wieder angewendet werden, was die Konsistenz über verschiedene Berichtsperioden verbessert.
- **Dokumentation:** Die verwendeten Prompts dokumentieren gleichzeitig den Bereinigungsprozess, was für Compliance-Anforderungen wertvoll sein kann.
- **Skalierbarkeit:** Ob Sie 100 oder 100.000 Datensätze bereinigen müssen, der Aufwand für die Formulierung der Anforderungen bleibt gleich.

In den folgenden Abschnitten werden wir detailliert auf die verschiedenen Aspekte der Datenaufbereitung eingehen. Wir beginnen mit der automatischen Identifikation und Korrektur von Fehlern und Inkonsistenzen in Ihren Daten. Anschließend befassen wir uns mit intelligenter Filterung, Sortierung und Strukturierung für optimale Analysen.

Besondere Aufmerksamkeit widmen wir der Erstellung aussagekräftiger Pivot-Tabellen, die häufig einen kritischen Schritt in der Datenanalyse darstellen. Schließlich zeigen wir, wie Sie Copilot nutzen können, um wichtige Kennzahlen und Trends aus großen Datenmengen zu extrahieren.

Der rote Faden durch alle diese Themen ist die Befreiung von manueller, zeitraubender Arbeit, damit Sie sich auf die eigentlich wertschöpfenden Aspekte Ihrer Rolle konzentrieren können: die Interpretation der Daten, die Entwicklung von Handlungsempfehlungen und die strategische Nutzung der gewonnenen Erkenntnisse.

Ein Business Intelligence Analyst beschrieb mir seinen Paradigmenwechsel: "Früher war ich stolz auf meine technischen Fähigkeiten bei der Datenbereinigung. Heute bin ich stolz darauf, wie schnell ich von rohen Daten zu strategischen Erkenntnissen komme. Die technische Arbeit überlasse ich Copilot, während ich mich auf die Interpretation und Kommunikation der Ergebnisse konzentriere."

Genau diese Verschiebung des Fokus von der technischen Durchführung hin zur wertschöpfenden Analyse ist das Ziel dieses Kapitels. Lassen Sie uns gemeinsam erkunden, wie Sie komplexe Datenaufbereitungsaufgaben an Copilot delegieren können, um mehr Zeit für das zu haben, was wirklich zählt: die Nutzung der Daten für fundierte Geschäftsentscheidungen.

3.1 ROHDATEN IN WERTVOLLE INFORMATIONEN VERWANDELN: BEREINIGUNG UND STRUKTURIERUNG AUTOMATISIEREN

3.1.1 INKONSISTENZEN UND FEHLER IN DATENSÄTZEN AUTOMATISCH IDENTIFIZIEREN UND KORRIGIEREN

Fehlerhafte Datensätze sind der Albtraum jedes Analysten. In meiner Beratungspraxis treffe ich regelmäßig auf Fachkräfte, die Stunden oder gar Tage damit verbringen, Tippfehler zu korrigieren, Formatierungen anzugleichen oder Duplikate zu entfernen. Ein Controlling-Mitarbeiter aus der Automobilbranche gestand mir einmal: "Ich verbringe mehr Zeit mit der Bereinigung meiner Daten als mit deren Analyse. Das frustriert mich zutiefst, denn für die eigentlich wertschöpfende Arbeit bleibt kaum Zeit."

Diese mühsame Handarbeit gehört nun der Vergangenheit an. Mit Copilot M365 in Excel verfügen Sie über einen intelligenten Assistenten, der Inkonsistenzen und Fehler nicht nur erkennen, sondern auch automatisch korrigieren kann. Die KI erkennt Muster und Abweichungen in Ihren Daten, die dem menschlichen Auge oft entgehen oder deren manuelle Korrektur unverhältnismäßig viel Zeit kosten würde.

Inkonsistenzen in Datensätzen treten in verschiedenen Formen auf und haben unterschiedliche Ursachen. Die häufigsten Fehlerquellen, die mir in meiner täglichen Arbeit begegnen, lassen sich in folgende Kategorien einteilen:

- **Eingabefehler:** Tippfehler, vertauschte Ziffern oder falsche Datumsformate, die bei manueller Dateneingabe entstehen
- **Formatierungsinkonsistenzen:** Uneinheitliche Schreibweisen, unterschiedliche Datumsformate oder variierende Dezimaltrennzeichen

- **Strukturelle Probleme:** Fehlende Werte, Duplikate oder falsch zugeordnete Daten
- **Importfehler:** Fehler, die beim Datenimport aus anderen Systemen oder beim Datenaustausch entstehen

Die traditionelle Herangehensweise zur Lösung dieser Probleme erfordert komplexe Formeln, bedingte Formatierungen oder gar VBA-Makros. Diese Methoden setzen nicht nur technisches Know-how voraus, sondern sind auch zeitaufwändig in der Erstellung und Wartung. Copilot revolutioniert diesen Prozess, indem es Ihnen ermöglicht, Datenbereinigungsaufgaben in natürlicher Sprache zu beschreiben.

Die Magie beginnt mit der Identifikation von Problemen. Statt selbst nach Fehlern zu suchen, können Sie Copilot bitten, Ihre Daten zu analysieren und Inkonsistenzen aufzudecken. Ein einfacher Prompt wie "Analysiere die Daten in Bereich A1:F500 und identifiziere alle Inkonsistenzen, Formatierungsprobleme und möglichen Fehler" liefert Ihnen eine detaillierte Übersicht aller Problemstellen.

Besonders effektiv wird dieser Ansatz bei der Behandlung spezifischer Probleme. Hier einige Beispiele aus meiner Praxis:

1. **Behandlung von Tippfehlern in Texten**

   - Problem: Inkonsistente Schreibweisen von Namen, Produkten oder Kategorien
   - Copilot-Prompt: "Identifiziere und standardisiere verschiedene Schreibweisen des Kundennamens 'Müller GmbH' in Spalte B, unter Berücksichtigung häufiger Varianten wie 'Mueller', 'Muller' oder 'Müller GmBH'"
   - Ergebnis: Copilot erkennt ähnliche Schreibweisen und korrigiert sie einheitlich

2. **Vereinheitlichung von Datumsformaten**

- Problem: Unterschiedliche Datumsformate durch internationale Datenquellen
- Copilot-Prompt: "Konvertiere alle Datumswerte in Spalte D in das deutsche Format TT.MM.JJJJ und stelle sicher, dass alle Werte als Datumsformat erkannt werden"
- Ergebnis: Einheitliche Datumsformatierung, die Sortier- und Filterfunktionen korrekt unterstützt

3. **Erkennung und Bereinigung von Duplikaten**

- Problem: Mehrfacheinträge durch verschiedene Datenquellen
- Copilot-Prompt: "Finde Duplikate in der Tabelle basierend auf der Kundennummer in Spalte A, wobei auch leicht abweichende Schreibweisen als mögliche Duplikate berücksichtigt werden sollen"
- Ergebnis: Copilot identifiziert nicht nur exakte Duplikate, sondern auch "fuzzy matches"

Eine Finanzanalystin eines Pharmaunternehmens berichtete mir begeistert: "Früher brauchte ich einen ganzen Tag, um unsere internationalen Verkaufsdaten zu harmonisieren. Mit Copilot erledige ich dieselbe Aufgabe in weniger als einer Stunde, und das Ergebnis ist deutlich zuverlässiger."

Die wahre Stärke von Copilot bei der Datenbereinigung liegt in seiner Fähigkeit, kontextbezogen zu arbeiten. Anders als starre Formeln versteht die KI den Zusammenhang Ihrer Daten und kann intelligente Entscheidungen treffen. Ein Beispiel: Wenn in einer Spalte mit deutschen Städtenamen "Munchen" auftaucht, erkennt Copilot dies als Tippfehler für "München" und korrigiert entsprechend.

Für die effektive Fehlerkorrektur mit Copilot empfehle ich diese strukturierte Vorgehensweise:

1. **Diagnostische Phase**

- Bitten Sie Copilot, eine allgemeine Analyse Ihrer Daten durchzuführen
- Lassen Sie sich potenzielle Problembereiche aufzeigen
- Nutzen Sie Prompts wie: "Analysiere meine Daten in Bereich A1:G200 und zeige mir alle potenziellen Qualitätsprobleme"

2. Gezielte Problembehandlung

- Adressieren Sie jede Problemkategorie einzeln
- Formulieren Sie präzise Prompts für spezifische Korrekturen
- Beispiel: "Korrigiere alle Telefonnummern in Spalte D in ein einheitliches Format mit Ländervorwahl +49 und Gruppierung im Format +49 (123) 456789"

3. Validierung und Nachbearbeitung

- Lassen Sie Copilot eine Zusammenfassung der durchgeführten Änderungen erstellen
- Überprüfen Sie stichprobenartig die Korrekturen
- Bei Bedarf verfeinern Sie Ihre Prompts für bessere Ergebnisse

Ein Controller aus dem Einzelhandel teilte mir seine Erfahrung mit: "Die Fähigkeit, Copilot komplexe Bereinigungsaufgaben zu erklären, anstatt selbst Formeln zu schreiben, hat meine Arbeitsweise komplett verändert. Ich kann jetzt Probleme beschreiben, statt technische Lösungen programmieren zu müssen."

Besonders effektiv ist Copilot bei der Behandlung fehlender Werte, einer der häufigsten Herausforderungen in realen Datensätzen. Statt leere Zellen manuell zu identifizieren und zu füllen, können Sie Copilot anweisen: "Identifiziere alle leeren Zellen in Spalte C (Umsatz) und fülle sie mit dem Durchschnittswert der jeweiligen Produktkategorie aus Spalte B." Die KI versteht den

Zusammenhang zwischen den Spalten und wendet eine kontextbezogene Lösung an.

Die Transformation von uneinheitlichen Textdaten stellt eine weitere Stärke dar. Ein typisches Beispiel aus meiner Beratungspraxis: Kundenadressen, die in unterschiedlichen Formaten vorliegen. Mit einem Prompt wie "Standardisiere alle Adressen in Spalte E in das Format 'Straße Hausnummer, PLZ Ort' und korrigiere offensichtliche Tippfehler in Straßennamen" verwandelt Copilot chaotische Adressdaten in ein einheitliches Format.

Für internationale Datensätze bietet Copilot besondere Vorteile bei der Sprachstandardisierung. Eine Exportmanagerin berichtete mir: "Unsere Produktbezeichnungen kamen in Deutsch, Englisch und Französisch an. Mit Copilot konnte ich sie in einem Schritt vereinheitlichen, ohne jede Bezeichnung einzeln übersetzen zu müssen."

Die kontinuierliche Verbesserung Ihrer Datenbereinigungsprozesse erfolgt durch iteratives Lernen. Dokumentieren Sie erfolgreiche Prompts und verfeinern Sie diese basierend auf den Ergebnissen. Mit der Zeit entwickeln Sie eine persönliche Bibliothek effektiver Bereinigungsstrategien, die Sie immer wieder einsetzen können.

Ein kritischer Aspekt bei der automatisierten Datenkorrektur ist die Wahrung der Datenintegrität. Ich empfehle stets, eine Kopie der Originaldaten zu bewahren und Änderungen zu dokumentieren. Ein einfacher Prompt wie "Erstelle eine Dokumentation aller durchgeführten Datenbereinigungsschritte in einem separaten Tabellenblatt" hilft Ihnen, den Überblick zu behalten und bei Bedarf Änderungen nachvollziehen zu können.

Die Zeitersparnis durch automatisierte Fehlerkorrektur ist beeindruckend. Meine Klienten berichten regelmäßig von einer Reduzierung des Zeitaufwands um 70-90% gegenüber manuellen

Methoden. Diese freigesetzte Zeit können Sie in die eigentliche Analyse und Interpretation Ihrer Daten investieren, wo Ihre Fachexpertise wirklich wertvoll ist.

Im nächsten Abschnitt werden wir uns damit beschäftigen, wie Sie Ihre bereinigten Daten optimal für Analysen strukturieren können. Die automatische Fehlerkorrektur ist nur der erste Schritt auf dem Weg zu wirklich aussagekräftigen Datenanalysen.

3.1.2 DATEN INTELLIGENT FILTERN, SORTIEREN UND FÜR ANALYSEN OPTIMAL STRUKTURIEREN

Nach der erfolgreichen Bereinigung Ihrer Daten steht der nächste entscheidende Schritt an: die optimale Strukturierung für aussagekräftige Analysen. Selbst die saubersten Daten bleiben wertlos, wenn sie nicht richtig gefiltert, sortiert und strukturiert sind. In meiner Beratungstätigkeit erlebe ich täglich, wie Fachkräfte unnötig viel Zeit mit manuellem Sortieren, Filtern und Umstrukturieren ihrer Daten verbringen, bevor sie überhaupt mit der eigentlichen Analyse beginnen können.

Die gute Nachricht: Mit Copilot M365 können Sie diesen gesamten Prozess auf ein neues Effizienzniveau heben. Statt zahlreicher Klicks auf Filter- und Sortieroptionen genügt eine präzise Anweisung in natürlicher Sprache, und Ihre Daten werden automatisch optimal für Ihre Analysen aufbereitet.

Die Herausforderung bei der Datenstrukturierung liegt oft in der Komplexität der Anforderungen. Ein einfacher Datensatz kann aus verschiedenen Perspektiven betrachtet werden, was unterschiedliche Filterkombinationen und Sortierreihenfolgen erfordert. Während klassische Excel-Methoden hier umständliches Umschalten zwischen verschiedenen Ansichten erfordern, erlaubt Copilot eine flexible und dynamische Datenmanipulation.

Eine Controllingmitarbeiterin eines Produktionsunternehmens beschrieb ihre Erfahrung so: "Früher verbrachte ich jede Woche Stunden damit, unsere Produktionsdaten nach verschiedenen Kriterien zu filtern und zu sortieren, um die benötigten Kennzahlen zu ermitteln. Mit Copilot formuliere ich einfach, welche Sicht ich auf die Daten benötige, und erhalte sofort die passende Ansicht."

Lassen Sie uns die verschiedenen Aspekte der intelligenten Datenstrukturierung mit Copilot systematisch durchgehen:

Intelligentes Filtern: Präzise Datenauswahl ohne endloses Klicken

Das Filtern von Daten ist eine der häufigsten Operationen in Excel. Mit Copilot wird dieser Prozess revolutioniert, indem Sie Filter in natürlicher Sprache definieren können. Statt durch mehrere Menüs zu navigieren, beschreiben Sie einfach, welche Daten Sie sehen möchten.

Besonders effektiv ist Copilot bei komplexen Filteroperationen, die mehrere Bedingungen kombinieren. Ein typischer Prompt könnte lauten: "Filtere die Verkaufsdaten so, dass nur Transaktionen aus dem ersten Quartal angezeigt werden, bei denen der Umsatz über 5.000 Euro liegt und der Kundentyp 'B2B' ist."

Die wahre Stärke zeigt sich bei kontextbezogenen Filtern. Copilot versteht nicht nur exakte Werte, sondern auch relative Konzepte:

- "Zeige mir nur die Top 10% Kunden nach Umsatz"
- "Filtere auf Produkte, deren Verkaufszahlen über dem Durchschnitt ihrer Kategorie liegen"
- "Zeige alle Transaktionen, die mindestens 20% vom typischen Bestellvolumen des jeweiligen Kunden abweichen"

Ein Finanzanalyst eines meiner Kunden berichtete begeistert: "Die Fähigkeit, kontextbezogene Filter zu definieren, hat meine Arbeit komplett verändert. Was früher komplexe verschachtelte Formeln erforderte, erledige ich jetzt mit einem einfachen Prompt."

Effizientes Sortieren: Mehrere Ebenen mühelos orchestrieren

Das Sortieren von Daten nach mehreren Kriterien erfordert traditionell mehrere Schritte in Excel. Mit Copilot können Sie komplexe Sortiervorgänge in einem einzigen Prompt beschreiben. Beispiele für effektive Sortieranweisungen:

- "Sortiere die Tabelle primär nach Region in alphabetische Reihenfolge, dann nach Produktkategorie und innerhalb jeder Kategorie nach Umsatz absteigend"
- "Ordne die Kundendaten nach Wichtigkeit: zuerst nach Status (Platin, Gold, Silber, Bronze), dann nach Gesamtumsatz des letzten Jahres und schließlich nach Anzahl der Bestellungen"

Besonders wertvoll ist die Möglichkeit, benutzerdefinierte Sortierreihenfolgen zu definieren, die nicht alphabetisch oder numerisch sind. Ein Teamleiter aus dem Vertrieb schilderte mir seinen Anwendungsfall: "Wir haben eine bestimmte Prioritätsreihenfolge für unsere Märkte, die weder alphabetisch noch nach Größe sortiert ist. Mit Copilot kann ich diese spezifische Reihenfolge einfach beschreiben, ohne komplizierte benutzerdefinierte Listen anlegen zu müssen."

Datenumstrukturierung: Formatwechsel ohne Schweißausbrüche

Die Umstrukturierung von Daten, etwa das Pivotieren von Zeilen zu Spalten oder umgekehrt, gehört zu den anspruchsvolleren Excel-Aufgaben. Mit Copilot wird diese Operation erstaunlich einfach. Typische Anwendungsfälle:

1. **Pivot-Operationen**

- Von breitem zu schmalem Format: "Wandle die Tabelle so um, dass die Monatsspalten Jan, Feb, März zu einer einzelnen Spalte 'Monat' werden, mit entsprechenden Werten in einer neuen Spalte 'Wert'"
- Von schmalem zu breitem Format: "Strukturiere die Daten so um, dass jeder Monat aus der Spalte 'Zeitraum' eine eigene Spalte wird, mit den entsprechenden Werten aus der Spalte 'Umsatz'"

2. **Transponieren mit Intelligenz**

- "Tausche Zeilen und Spalten, aber behalte die erste Spalte als Beschriftung bei"
- "Transponiere die Daten und formatiere sie direkt als übersichtliche Tabelle mit alternierenden Zeilenfarben"

3. **Komplexe Umstrukturierungen**

- "Gruppiere die Daten nach Produktkategorie und erstelle für jede Kategorie eine eigene Tabelle auf einem separaten Tabellenblatt"
- "Teile die Daten nach Regionen auf und erstelle eine übersichtliche Dashboard-Struktur"

Eine Teamleiterin aus dem Finanzbereich teilte ihre Erfahrung mit mir: "Die Umstrukturierung unserer Quartalsberichte von der operativen Ansicht in das Format für die Geschäftsführung kostete mich früher einen halben Tag. Mit Copilot erledige ich das in wenigen Minuten mit einer klaren Anweisung."

Kombination von Operationen: Der wahre Produktivitätsschub

Der größte Produktivitätsgewinn entsteht durch die Kombination von Filtern, Sortieren und Umstrukturieren in einem einzigen Prompt. Statt mehrere separate Operationen durchzuführen, beschreiben Sie das gewünschte Endergebnis:

"Filtere die Verkaufsdaten des letzten Quartals, zeige nur Transaktionen über 1.000 Euro, sortiere sie nach Kundenwert und Datum, und strukturiere sie so um, dass jeder Vertriebsmitarbeiter eine eigene Spalte hat mit der Summe seiner Verkäufe pro Produktkategorie."

Diese Art von kombinierten Anweisungen spart enorm viel Zeit und reduziert die Fehlerwahrscheinlichkeit drastisch. Ein Controller schilderte mir: "Was früher eine komplexe Verkettung von Einzelschritten war, erledige ich jetzt mit einer einzigen Anweisung. Das hat meine Produktivität verdoppelt."

Best Practices für optimale Ergebnisse

Um die besten Ergebnisse bei der Datenstrukturierung mit Copilot zu erzielen, empfehle ich diese bewährten Praktiken:

1. **Klare Zieldefinition**

   - Beschreiben Sie das gewünschte Endergebnis präzise
   - Geben Sie den Zweck der Strukturierung an: "für eine Pivot-Analyse" oder "zur Visualisierung in einem Diagramm"

2. **Strukturierte Prompts**

   - Gliedern Sie komplexe Anweisungen in nummerierte Schritte
   - Beginnen Sie mit Filtern, dann Sortieren, schließlich Umstrukturieren

3. **Kontextinformationen liefern**

   - Erklären Sie Fachbegriffe oder unternehmensspezifische Kategorien
   - Geben Sie Hintergrundinformationen, die für die Interpretation wichtig sind

4. **Schrittweise Verfeinerung**

- Beginnen Sie mit einfacheren Strukturierungen und verfeinern Sie diese
- Nutzen Sie das Feedback von Copilot, um Ihre Prompts zu optimieren

Ein Projektmanager beschrieb seinen Lernprozess so: "Am Anfang waren meine Anweisungen zu vage. Mit der Zeit lernte ich, präziser zu formulieren und den Kontext zu erklären. Heute bekomme ich fast immer beim ersten Versuch genau die Datenstruktur, die ich brauche."

Praktische Anwendungsbeispiele aus meiner Beratungspraxis

Die Vielseitigkeit der intelligenten Datenstrukturierung zeigt sich in den unterschiedlichen Anwendungsfällen meiner Kunden:

- **Vertrieb:** Ein Vertriebsleiter nutzt Copilot, um Verkaufsdaten nach verschiedenen Dimensionen zu analysieren: "Zeige mir die Top 20 Kunden dieses Quartals, sortiert nach Umsatz, und strukturiere die Daten so, dass ich die Entwicklung über die letzten 4 Quartale sehen kann."

- **Controlling:** Eine Controllerin bereitet Kostendaten für Managementpräsentationen vor: "Filtere die Betriebskosten nach Abteilungen, sortiere sie nach Abweichung vom Budget absteigend und strukturiere sie so, dass Plan, Ist und Abweichung nebeneinander stehen."

- **HR:** Ein Personalreferent analysiert Mitarbeiterdaten: "Strukturiere die Personalstatistik nach Abteilungen und Qualifikationsniveau, zeige nur aktive Mitarbeiter und sortiere nach Betriebszugehörigkeit."

Diese Vielfalt zeigt: Die intelligente Datenstrukturierung mit Copilot ist in praktisch allen Bereichen anwendbar, in denen Datenanalyse eine Rolle spielt.

Die Zeit, die durch automatisierte Strukturierung eingespart wird, ist beträchtlich. Ein Teamleiter aus dem Controlling berichtete mir: "Wir haben gemessen, dass unsere Analysten vorher 40% ihrer Zeit mit der Vorbereitung und Strukturierung von Daten verbrachten. Mit Copilot ist dieser Anteil auf unter 10% gesunken. Das bedeutet nicht nur Zeitgewinn, sondern auch mehr Kapazität für wertschöpfende Tätigkeiten."

Mit den Techniken, die ich Ihnen in diesem Abschnitt vorgestellt habe, sind Sie in der Lage, Ihre Daten schnell und präzise für die weitere Analyse vorzubereiten. Im nächsten Abschnitt werden wir uns damit beschäftigen, wie Sie mit Copilot mühelos aussagekräftige Pivot-Tabellen generieren können, um Ihre strukturierten Daten weiter zu verdichten und zu analysieren.

3.2 Datenzusammenfassung beschleunigen: Übersichtliche Reports per Copilot erstellen

3.2.1 Aussagekräftige Pivot-Tabellen und Datenschnitte mühelos generieren

Pivot-Tabellen zählen zu den mächtigsten Analysewerkzeugen in Excel und gleichzeitig zu den am meisten gefürchteten. In meinen Workshops sehe ich regelmäßig, wie selbst erfahrene Excel-Nutzer vor dieser Funktion zurückschrecken. "Irgendwie bekomme ich das nicht richtig hin" oder "Das ist mir zu kompliziert" höre ich oft. Dabei liegt genau hier enormes Potenzial für Zeitersparnis und tiefere Dateneinblicke.

Mit Copilot M365 wird die Erstellung aussagekräftiger Pivot-Tabellen so einfach wie das Formulieren eines klaren Wunsches. Die Tage des mühsamen Ziehens und Fallenlassens von Feldern, des Experimentierens mit verschiedenen Layouts und des Frustriert-Aufgebens sind vorbei. Stattdessen beschreiben Sie einfach, welche Erkenntnisse Sie aus Ihren Daten gewinnen möchten.

Ein Controlling-Mitarbeiter aus der Automobilindustrie beschrieb seinen Aha-Moment so: "Nach jahrelangem Kampf mit Pivot-Tabellen kann ich jetzt einfach sagen 'Zeige mir die Umsätze pro Region und Produktkategorie als Pivot-Tabelle mit Quartalen als Spalten' und bekomme genau das, was ich brauche. Das ist revolutionär für meine tägliche Arbeit."

Die Magie beginnt mit einem präzisen Prompt. Anstatt sich durch Menüs zu klicken und Felder zu verschieben, formulieren Sie Ihre Anforderung in natürlicher Sprache. Ein typischer Prompt könnte lauten: "Erstelle eine Pivot-Tabelle aus den Daten in Bereich A1:G500, die Verkäufe nach Produktkategorie und Region zusammenfasst, mit Monaten als Spalten und Summe des Umsatzes als Werte."

Die Qualität Ihrer Pivot-Tabelle hängt maßgeblich von der Klarheit Ihres Prompts ab. Effektive Prompts für Pivot-Tabellen folgen einer klaren Struktur und enthalten diese wesentlichen Elemente:

- **Datenquelle:** Welcher Bereich oder welche Tabelle soll analysiert werden?
- **Zeilenfelder:** Nach welchen Kriterien sollen die Daten primär gruppiert werden?
- **Spaltenfelder:** Welche zusätzliche Dimension soll als Spalte dargestellt werden?
- **Wertefelder:** Welche Kennzahlen sollen berechnet werden (Summe, Durchschnitt, Anzahl)?
- **Gewünschtes Layout und Format:** Wie soll die Pivot-Tabelle optisch gestaltet sein?

Je präziser Ihre Anweisungen, desto besser das Ergebnis. Ein Finanzanalyst eines meiner Kunden nutzt folgende Prompt-Vorlage, die er je nach Bedarf anpasst: "Erstelle eine Pivot-Tabelle aus [Datenbereich], mit [Hauptdimension] in Zeilen, [Sekundärdimension] in Spalten, berechne [Kennzahl] als [Berechnungsart] und formatiere die Ergebnisse mit [Formatierungswünsche]."

Die wahre Stärke von Copilot zeigt sich bei komplexeren Pivot-Anforderungen. Stellen Sie sich vor, Sie möchten nicht nur eine einfache Zusammenfassung, sondern eine mehrstufige Analyse mit bedingter Formatierung und berechneten Feldern. Traditionell wäre dies ein zeitaufwändiger Prozess mit vielen manuellen Schritten. Mit Copilot formulieren Sie einfach Ihren Wunsch:

"Erstelle eine Pivot-Tabelle aus meinen Verkaufsdaten, die Folgendes zeigt:

1. Umsatz nach Produktkategorie und Kundentyp

2. Prozentuale Veränderung zum Vorjahr als separate Spalte
3. Bedingte Formatierung: Grün für positive Veränderung, Rot für negative
4. Zwischensummen für jede Produktkategorie
5. Ein berechnetes Feld für die Gewinnmarge basierend auf den Spalten 'Umsatz' und 'Kosten'"

Die Zeitersparnis ist beeindruckend. Eine Controlling-Leiterin berichtete mir: "Was früher 20-30 Minuten in Anspruch nahm, erledigt Copilot in Sekunden. Aber der größte Vorteil ist nicht die Zeitersparnis, sondern dass ich jetzt viel mehr verschiedene Pivot-Analysen ausprobiere, weil die Erstellung so einfach ist."

Neben klassischen Pivot-Tabellen kann Copilot auch leistungsstarke Datenschnitte (Slicers) generieren, die eine interaktive Filterung Ihrer Daten ermöglichen. Ein typischer Prompt hierfür: "Füge Datenschnitte für Region, Produktkategorie und Zeitraum zu meiner Pivot-Tabelle hinzu und positioniere sie übersichtlich über der Tabelle."

Die nahtlose Integration von Pivot-Tabellen und Datenschnitten schafft interaktive Dashboards, die früher komplexe Excel-Kenntnisse erforderten. Eine Vertriebsmanagerin teilte ihre Erfahrung: "Mit einem einzigen Prompt habe ich ein vollständiges Vertriebsdashboard mit Pivot-Tabellen und Filtern erstellt, das mein Team täglich nutzt. Das hätte mich früher einen halben Tag gekostet."

Für maximalen Nutzen empfehle ich, Copilot auch für die Weiterverarbeitung und Verfeinerung Ihrer Pivot-Tabellen einzusetzen. Folgende Aufgaben lassen sich elegant per Prompt lösen:

1. **Layout-Optimierung**

   - "Passe das Layout der Pivot-Tabelle so an, dass die Zwischensummen fett und in Dunkelblau

erscheinen, und alle Werte mit Tausendertrennzeichen formatiert sind"
- "Ändere die Ausrichtung der Spaltenbeschriftungen auf 45 Grad für bessere Lesbarkeit"

2. **Berechnete Felder und Elemente**

- "Erstelle ein berechnetes Feld 'Marge %', das den Gewinn als Prozentsatz vom Umsatz darstellt"
- "Füge eine berechnete Zeile 'Hochumsatzkunden' hinzu, die alle Kunden mit einem Jahresumsatz über 50.000 € zusammenfasst"

3. **Bedingte Formatierung**

- "Formatiere alle Zellen, deren Werte über dem Durchschnitt liegen, in Grüntönen mit Intensität proportional zur Abweichung vom Mittelwert"
- "Markiere die Top 3 und Bottom 3 Werte in jeder Kategorie farblich"

4. **Gruppierung und Kategorisierung**

- "Gruppiere die Datumswerte in der Pivot-Tabelle nach Quartalen und Jahren"
- "Erstelle Größenkategorien für die Umsatzwerte: Klein (5.000 €)"

Eine Teamleiterin aus dem Finanzbereich nutzt Copilot besonders kreativ: "Ich lasse regelmäßig verschiedene Pivot-Perspektiven derselben Daten generieren, um unerwartete Muster zu entdecken. Ich frage einfach: 'Zeige mir drei unterschiedliche Pivot-Analysen dieser Verkaufsdaten, die interessante Einblicke liefern könnten' und bin oft überrascht von den Erkenntnissen."

Die Verknüpfung mehrerer Pivot-Tabellen zu einem kohärenten Bericht ist ein weiterer Bereich, in dem Copilot glänzt. Mit einem Prompt wie "Erstelle drei verknüpfte Pivot-Tabellen aus meinen Vertriebsdaten: eine für die regionale Verteilung, eine für die zeitliche Entwicklung und eine für die Produktperformance. Füge

Datenschnitte hinzu, die alle drei Tabellen gleichzeitig filtern" erzeugen Sie ein professionelles Dashboard in Sekundenschnelle.

Eine besondere Stärke von Copilot liegt in der natürlichsprachlichen Erklärung komplexer Pivot-Konzepte. Wenn Sie unsicher sind, können Sie einfach fragen: "Erkläre mir, wie ich in dieser Pivot-Tabelle die prozentuale Verteilung statt absoluter Werte darstellen kann" oder "Wie kann ich in meiner Pivot-Tabelle einen gleitenden Durchschnitt über drei Monate berechnen?"

Die Kombination aus Pivot-Tabellen und Datenschnitten bildet das Herzstück vieler Business-Intelligence-Lösungen. Mit Copilot wird diese leistungsstarke Technik für jeden zugänglich, unabhängig vom technischen Kenntnisstand. Ein IT-Leiter eines mittelständischen Unternehmens berichtete mir: "Seit wir Copilot eingeführt haben, erstellen unsere Fachabteilungen ihre Pivot-Analysen selbst, statt auf die IT-Abteilung zu warten. Das hat unsere Reaktionszeiten drastisch verbessert."

Für Teams bietet sich die Möglichkeit, Prompt-Vorlagen für standardisierte Pivot-Berichte zu erstellen und zu teilen. Eine Controller-Abteilung eines meiner Kunden hat eine Bibliothek von Pivot-Prompts aufgebaut, die jedes Teammitglied nutzen kann. So wird sichergestellt, dass alle Berichte konsistent erstellt werden und den Unternehmensstandards entsprechen.

Die Demokratisierung von Datenanalysen durch Copilot-generierte Pivot-Tabellen hat tiefgreifende Auswirkungen auf die Entscheidungsfindung in Unternehmen. Informationen, die früher in komplexen Datensätzen verborgen waren, werden nun schnell und einfach zugänglich. Ein Geschäftsführer drückte es so aus: "Die Fähigkeit, schnell verschiedene Perspektiven auf unsere Daten zu gewinnen, hat unsere Entscheidungsqualität spürbar verbessert."

Im nächsten Abschnitt werden wir uns damit beschäftigen, wie Sie mit Copilot wichtige Kennzahlen und Trends aus großen Datenmengen extrahieren können, um Ihre Analysen auf die nächste Stufe zu heben. Die Pivot-Tabellen, die Sie jetzt mühelos erstellen können, bilden dafür eine solide Grundlage.

3.2.2 WICHTIGE KENNZAHLEN UND TRENDS AUS GROSSEN DATENMENGEN EXTRAHIEREN

Große Datenmengen verbergen oft die wertvollsten Erkenntnisse in ihren Tiefen. In meiner Beratungstätigkeit erlebe ich täglich, wie Unternehmen auf Datenschätzen sitzen, ohne deren volles Potenzial auszuschöpfen. Das Problem liegt selten am mangelnden Interesse, sondern vielmehr an der schieren Komplexität, die wesentlichen Kennzahlen und Trends aus umfangreichen Datensätzen zu extrahieren. Mit Copilot M365 erhalten Sie einen leistungsstarken Partner, der diese Herausforderung mühelos bewältigt.

Die Extraktion aussagekräftiger Kennzahlen aus großen Datenmengen gleicht traditionell der Suche nach der sprichwörtlichen Nadel im Heuhaufen. Stundenlang scrollen, filtern, sortieren und manuelle Berechnungen durchführen, nur um am Ende vielleicht die entscheidenden Zusammenhänge zu übersehen. Ein Controlling-Leiter aus dem Maschinenbau beschrieb mir seine Frustration so: "Ich verbrachte früher ganze Tage damit, aus unseren Vertriebsdaten die relevanten Trends zu extrahieren. Trotz aller Mühe hatte ich stets das Gefühl, wichtige Erkenntnisse zu verpassen."

Mit der KI-gestützten Datenanalyse wird dieser mühsame Prozess grundlegend vereinfacht. Anstatt sich durch komplexe Formeln und umständliche Filterkombinationen zu kämpfen, beschreiben Sie Copilot einfach, welche Informationen Sie aus Ihren Daten gewinnen möchten. Die KI übernimmt die technische Umsetzung und präsentiert Ihnen die relevanten Erkenntnisse in übersichtlicher Form.

Die Basis jeder effektiven Datenanalyse bilden klare Fragestellungen. Copilot glänzt besonders dabei, konkrete Business-Fragen zu beantworten, die früher komplexe Analysen erforderten. Anstatt nach technischen Methoden zu fragen, formulieren Sie einfach Ihr Informationsbedürfnis:

- "Welche fünf Produktkategorien verzeichneten im letzten Quartal das stärkste Wachstum?"
- "Zeige mir die Korrelation zwischen Lieferzeit und Kundenzufriedenheit"
- "Identifiziere Ausreißer in unseren Verkaufszahlen und analysiere mögliche Ursachen"

Ein Finanzanalyst eines mittelständischen Unternehmens teilte mir begeistert mit: "Die Fähigkeit, Copilot direkte Fragen zu stellen, hat meine Analysearbeit revolutioniert. Was früher komplexe statistische Methoden erforderte, erledige ich jetzt mit natürlichsprachlichen Anfragen."

Für die Extraktion der wirklich relevanten Kennzahlen aus großen Datensätzen empfehle ich diese systematische Herangehensweise:

1. **Explorative Analyse starten**

   - Bitten Sie Copilot um einen ersten Überblick: "Analysiere meine Verkaufsdaten und zeige mir die wichtigsten Kennzahlen und auffälligen Trends"
   - Lassen Sie sich eine Zusammenfassung der Datenstruktur und Verteilung geben
   - Nutzen Sie diesen Überblick, um gezieltere Fragen zu formulieren

2. **Fokussierte Kennzahlenextraktion**

   - Bitten Sie um spezifische KPIs basierend auf der explorativen Analyse
   - Beispiel: "Berechne den durchschnittlichen Umsatz pro Kunde, segmentiert nach Kundengruppe und Region"

- Nutzen Sie präzise Formulierungen für komplexere Berechnungen: "Erstelle eine Kohortenanalyse unserer Neukunden der letzten 12 Monate und zeige deren Entwicklung im Zeitverlauf"

3. Mustersuche und Anomalieerkennung

- Lassen Sie Copilot nach auffälligen Mustern suchen: "Identifiziere ungewöhnliche Muster oder Ausreißer in den Verkaufsdaten"
- Fordern Sie eine tiefergehende Analyse identifizierter Anomalien an: "Analysiere die Gründe für den Umsatzeinbruch im März genauer"
- Bitten Sie um Segmentierung nach relevanten Kriterien: "Teile die Daten in Cluster basierend auf Kaufverhalten und identifiziere die charakteristischen Merkmale jedes Clusters"

4. Visualisierung der Erkenntnisse

- Lassen Sie Copilot die gefundenen Trends visualisieren: "Erstelle ein Dashboard, das die fünf wichtigsten Erkenntnisse aus dieser Analyse visuell darstellt"
- Spezifizieren Sie den gewünschten Visualisierungstyp: "Zeige die zeitliche Entwicklung der Top-Produkte als Liniendiagramm mit Trendlinie"
- Bitten Sie um interaktive Elemente: "Füge Filtermöglichkeiten hinzu, um die Daten nach verschiedenen Dimensionen zu untersuchen"

Das wahre Potenzial von Copilot zeigt sich besonders bei der Identifikation versteckter Zusammenhänge in komplexen Datensätzen. Eine Vertriebsleiterin eines Elektronikgroßhändlers schilderte mir ihr Erlebnis: "Copilot entdeckte eine Korrelation zwischen Bestellzeitpunkt und Bestellwert, die uns jahrelang entgangen war. Diese Erkenntnis führte zu einer komplett neuen

Marketingstrategie, die unseren Durchschnittsbestellwert um 12% steigerte."

Die Extraktion zeitbasierter Trends gehört zu den Stärken von Copilot. Mit entsprechenden Prompts können Sie verschiedene zeitliche Muster aufdecken:

- **Saisonalität:** "Analysiere die Verkaufsdaten der letzten drei Jahre und identifiziere saisonale Muster. Stelle die Ergebnisse als Heatmap dar."
- **Wachstumstrends:** "Berechne die durchschnittliche monatliche Wachstumsrate pro Produktkategorie und erstelle eine Prognose für die nächsten sechs Monate."
- **Veränderungen im Zeitverlauf:** "Vergleiche das Kaufverhalten unserer Kunden vor und nach der Produkteinführung im April."

Die Fähigkeit, große Datenmengen schnell zu durchforsten und relevante Insights zu extrahieren, schafft einen entscheidenden Wettbewerbsvorteil. Ein Controller aus dem Automobilzulieferbereich berichtete: "Früher brauchten wir Wochen für tiefgehende Marktanalysen. Mit Copilot gewinnen wir kritische Erkenntnisse innerhalb von Stunden, was unsere Reaktionsgeschwindigkeit dramatisch verbessert hat."

Besonders wertvoll ist die Kombination verschiedener Analysemethoden, die Copilot nahtlos orchestrieren kann. Ein effektiver Prompt könnte lauten: "Analysiere meine Kundendaten nach demografischen Merkmalen, Kaufhistorie und Interaktionsmustern. Identifiziere die profitabelsten Kundensegmente und erstelle für jedes Segment ein Profil mit charakteristischen Merkmalen und Kaufmustern."

Die Integration von Text- und Zahlendaten eröffnet völlig neue Analysemöglichkeiten. Während traditionelle Excel-Analysen sich meist auf strukturierte numerische Daten beschränken, kann Copilot auch unstrukturierte Informationen einbeziehen:

- "Analysiere die Verkaufszahlen in Verbindung mit den Kundenrezensionen und identifiziere Zusammenhänge zwischen Kundenzufriedenheit und Verkaufsperformance."
- "Extrahiere aus den Vertriebsnotizen häufig genannte Produktmerkmale und korreliere diese mit den Verkaufszahlen."

Die Personalisierung von Analysen nach individuellen Bedürfnissen stellt einen weiteren Vorteil dar. Ein Marketing-Manager schilderte mir: "Ich lasse Copilot wöchentlich ein personalisiertes Dashboard erstellen, das genau die Kennzahlen enthält, die für meine aktuelle Kampagne relevant sind. Das spart mir nicht nur Zeit, sondern liefert auch maßgeschneiderte Einblicke."

Für fortgeschrittene Analysen kann Copilot auch statistische Methoden anwenden, ohne dass Sie selbst über tiefes statistisches Wissen verfügen müssen. Beispiele hierfür sind:

- **Regressionsanalysen:** "Führe eine multiple Regression durch, um zu verstehen, welche Faktoren den größten Einfluss auf unseren Umsatz haben."
- **Vorhersagemodelle:** "Erstelle ein Prognosemodell basierend auf historischen Daten und sage die erwarteten Verkaufszahlen für das nächste Quartal voraus."
- **Segmentierungen:** "Wende eine Cluster-Analyse auf unsere Kundendaten an und identifiziere natürliche Kundensegmente basierend auf Kaufverhalten und demografischen Merkmalen."

Die Erstellung von Simulationen und What-if-Analysen gehört zu den besonders spannenden Anwendungsfällen. Eine Finanzanalystin berichtete mir von ihrer Erfahrung: "Ich bitte Copilot regelmäßig, verschiedene Szenarien durchzuspielen. 'Was würde passieren, wenn wir die Preise um 5% erhöhen?' oder 'Wie würde sich eine Reduktion der Lieferzeit auf den Umsatz auswirken?' Die KI liefert mir sofort durchdachte Simulationen, die früher Tage an Modellierungsarbeit erfordert hätten."

Die Zeitersparnis durch KI-gestützte Kennzahlenextraktion ist beträchtlich. Meine Klienten berichten von Reduktionen des Zeitaufwands um 70-90% gegenüber traditionellen Methoden. Ein Team aus dem Controlling eines Handelsunternehmens konnte seine monatliche Kennzahlenanalyse von zwei Tagen auf drei Stunden verkürzen.

Der größte Vorteil liegt jedoch in der Möglichkeit, mehr verschiedene Analysen durchzuführen und dadurch umfassendere Erkenntnisse zu gewinnen. Ein Business Analyst drückte es so aus: "Mit Copilot kann ich zehnmal so viele Analyseansätze ausprobieren wie früher. Das hat nicht nur meine Effizienz gesteigert, sondern auch die Qualität meiner Erkenntnisse dramatisch verbessert."

Für Teams bietet die gemeinsame Nutzung von Copilot-generierten Insights besondere Vorteile. Die Möglichkeit, komplexe Datenanalysen in verständliche Berichte zu übersetzen, erleichtert die Kommunikation zwischen Fachabteilungen. Ein Vertriebsleiter beschrieb den Effekt: "Früher gab es oft Kommunikationsprobleme zwischen unseren Datenanalysten und den Vertriebsmitarbeitern. Mit Copilot-generierten Berichten sprechen wir endlich dieselbe Sprache."

Die Extraktion wichtiger Kennzahlen und Trends aus großen Datenmengen markiert einen Wendepunkt in der Datenanalyse. Sie wandeln sich vom Datensammler zum Insight-Generator, der wertvolle Erkenntnisse liefert und strategische Entscheidungen fundiert. Mit Copilot als Ihrem analytischen Partner können Sie das volle Potenzial Ihrer Daten ausschöpfen und einen echten Wettbewerbsvorteil generieren.

Im nächsten Kapitel werden wir uns damit beschäftigen, wie Sie Copilot als intelligenten Sparringspartner für noch tiefergehende Analysen und Einblicke nutzen können.

4. ANALYSEN UND EINBLICKE GEWINNEN: COPILOT ALS INTELLIGENTEN SPARRINGSPARTNER NUTZEN

Die Reise von rohen Daten zu wertschöpfenden Einsichten markiert den Übergang vom bloßen Zahlensammler zum strategischen Entscheidungsträger. Nach meiner Erfahrung liegt genau hier die Grenze zwischen routinemäßiger Büroarbeit und echtem Business Impact. Die gute Nachricht: Mit Copilot M365 steht Ihnen jetzt ein brillanter analytischer Partner zur Seite, der diesen Transformationsprozess revolutioniert.

In meiner Beratungspraxis erlebe ich täglich, wie Fachkräfte an der Schwelle zu tieferen Dateneinblicken stehen, ihnen aber die Zeit oder das technische Know-how fehlt, um wirklich durchzudringen. Ein Controlling-Leiter eines mittelständischen Maschinenbauunternehmens vertraute mir an: "Ich weiß, dass in unseren Zahlen viel mehr steckt, als wir aktuell herausholen. Aber wir kommen einfach nicht dazu, tiefer zu graben." Diese Situation hat sich mit Copilot grundlegend geändert.

Der Schritt von der bloßen Datenaufbereitung zur tiefen Analyse bedeutet, Muster zu erkennen, wo andere nur Zahlen sehen, Zusammenhänge zu identifizieren, die auf den ersten Blick verborgen bleiben, und die wirklich relevanten Fragen zu stellen. Copilot übernimmt dabei die Rolle eines intellektuellen Sparringspartners, der nicht nur die mechanischen Aspekte der Datenanalyse bewältigt, sondern auch kreative Denkprozesse anstößt.

Visualisierung spielt eine Schlüsselrolle in diesem Prozess. Unser Gehirn verarbeitet visuelle Informationen etwa 60.000 Mal schneller als Text. Dennoch verbringen viele Excel-Nutzer unverhältnismäßig viel Zeit damit, geeignete Diagrammtypen auszuwählen und zu formatieren, anstatt die dargestellten Zusammenhänge zu interpretieren. Eine Marketingleiterin schilderte mir ihr Dilemma: "Ich brauche für jede Präsentation aussagekräftige Visualisierungen. Aber die Erstellung kostet so viel Zeit, dass ich kaum noch zum Nachdenken über die Implikationen komme."

In diesem Kapitel zeige ich Ihnen, wie Sie Copilot als strategischen Analyseassistenten einsetzen. Wir bewegen uns über die grundlegende Datenaufbereitung hinaus und nutzen die KI, um tiefere Einsichten zu gewinnen und komplexe Zusammenhänge zu verstehen. Das Ziel: Sie sollen mehr Zeit mit der Interpretation und strategischen Nutzung von Daten verbringen können und weniger mit deren technischer Bearbeitung.

Die analytischen Fähigkeiten von Copilot lassen sich in mehrere Schlüsselbereiche unterteilen:

- **Visuelle Analysen:** Copilot erstellt nicht nur Diagramme, sondern wählt intelligente Visualisierungsformen passend zu Ihren Daten und Fragestellungen
- **Mustererkennung:** Die KI identifiziert Trends, Ausreißer und Korrelationen, die dem menschlichen Auge oft entgehen
- **Formelgenerierung:** Komplexe Excel-Formeln werden auf Basis Ihrer natürlichsprachlichen Beschreibung erstellt
- **Hypothesenprüfung:** Copilot kann verschiedene Annahmen schnell testen und validieren
- **Erklärende Analysen:** Die KI liefert nicht nur Daten, sondern auch Interpretationsansätze

Ein Finanzanalyst eines Handelsunternehmens beschrieb mir seine Erfahrung: "Früher verbrachte ich 80% meiner Zeit mit der

Erstellung von Analysen und nur 20% mit deren Interpretation. Mit Copilot hat sich dieses Verhältnis umgekehrt. Das hat meinen Wertbeitrag für das Unternehmen komplett verändert."

Der Dialog mit Ihrem KI-Assistenten steht im Zentrum des analytischen Prozesses. Anders als bei klassischen Excel-Funktionen geht es nicht um das Ausführen vordefinierter Befehle, sondern um einen echten Gedankenaustausch. Sie stellen Fragen, erhalten Antworten, hinterfragen diese und verfeinern Ihre Anfragen iterativ. Diese Form der explorativen Analyse eröffnet völlig neue Möglichkeiten.

Meine Erfahrung zeigt, dass der Schlüssel zum Erfolg in der präzisen Formulierung analytischer Fragen liegt. "Zeige mir einen Umsatzvergleich" wird weniger nützliche Ergebnisse liefern als "Analysiere die Umsatzentwicklung der letzten vier Quartale nach Produktkategorien und identifiziere die Kategorien mit dem stärksten prozentualen Wachstum sowie mögliche saisonale Muster."

Der Lernprozess verläuft in beide Richtungen: Sie lernen, bessere Fragen zu stellen, und Copilot lernt, Ihre Daten und Analysebedürfnisse besser zu verstehen. Eine Controlling-Mitarbeiterin beschrieb mir diesen Prozess: "Nach einigen Wochen hatte Copilot ein Gefühl für unsere Datenstruktur und ich ein Gefühl dafür, wie ich meine Analysefragen formulieren muss. Seitdem arbeiten wir wie ein eingespieltes Team."

Die Herausforderungen bei der analytischen Nutzung von Copilot unterscheiden sich von denen früherer Kapitel. Während es bei der Datenaufbereitung oft um technische Präzision ging, steht hier die konzeptionelle Klarheit im Vordergrund. Ein Data Scientist aus dem Telekommunikationsbereich teilte mir seine Erkenntnis mit: "Die Schwierigkeit liegt nicht mehr im 'Wie', sondern im 'Was' und 'Warum'. Welche Fragen sollte ich stellen? Welche Hypothesen testen? Welche Zusammenhänge erforschen?"

Im ersten Teil dieses Kapitels widmen wir uns der Datenvisualisierung mit Copilot. Sie werden lernen, wie Sie mit einfachen Prompts den passenden Diagrammtyp für Ihre Daten auswählen lassen und wie komplexe Zusammenhänge visuell verständlich aufbereitet werden können. Die automatisierte Diagrammerstellung spart nicht nur Zeit, sondern führt oft zu besseren, aussagekräftigeren Visualisierungen.

Der zweite Teil konzentriert sich auf tiefergehende Analysen mittels Formeln und Mustererkennung. Sie werden erfahren, wie Sie komplexe Excel-Formeln durch einfache Beschreibungen generieren lassen können und wie Copilot Ihnen hilft, verborgene Trends und Ausreißer in Ihren Daten zu identifizieren. Diese Fähigkeiten ermöglichen es Ihnen, analytische Aufgaben zu bewältigen, die früher fortgeschrittene Excel-Kenntnisse oder gar Programmierfähigkeiten erfordert hätten.

Eine Teamleiterin aus dem Marketing beschrieb mir den Wandel in ihrer Abteilung: "Vor Copilot waren tiefergehende Analysen das Privileg einiger weniger Excel-Experten im Team. Heute kann jeder Mitarbeiter komplexe Analysen durchführen und seine Hypothesen testen. Das hat unsere Entscheidungsfindung demokratisiert und beschleunigt."

Die wahre Magie entfaltet sich, wenn Sie Copilot als kreativen Impulsgeber für Ihre eigenen analytischen Überlegungen nutzen. Die KI kann Aspekte in Ihren Daten aufzeigen, an die Sie nicht gedacht hätten, oder alternative Blickwinkel vorschlagen. Ein Controller erzählte mir: "Manchmal frage ich Copilot einfach: 'Was fällt dir an diesen Zahlen auf?' Die Antworten haben mehr als einmal zu bahnbrechenden Erkenntnissen geführt, die wir sonst übersehen hätten."

Der strategische Wert dieser Fähigkeiten liegt auf der Hand: Wer schneller und tiefer analysieren kann, trifft bessere Entscheidungen. In einer Geschäftswelt, die zunehmend datengetrieben ist, verschafft Ihnen die Partnerschaft mit Copilot einen entscheidenden Wettbewerbsvorteil. Die erzielten Einsichten können direkt in Handlungsempfehlungen übersetzt werden, was Ihren Wertbeitrag für Ihr Unternehmen signifikant steigert.

Als ich kürzlich mit einem Geschäftsführer über den Einfluss von Copilot auf Analysekapazitäten sprach, fasste er es prägnant zusammen: "Wir erhalten nicht nur schneller Antworten auf unsere Fragen, sondern stellen auch bessere Fragen. Das verändert grundlegend, wie wir Geschäftsentscheidungen treffen."

In den folgenden Abschnitten werden wir Schritt für Schritt erkunden, wie Sie diese analytischen Superkräfte für sich nutzen können. Von der automatisierten Diagrammerstellung bis zur KI-gestützten Mustererkennung, von der Formelgenerierung bis zur explorativen Datenanalyse. Sie werden lernen, wie Sie den Dialog mit Copilot führen, um nicht nur Daten zu verarbeiten, sondern echte Erkenntnisse zu gewinnen, die Ihren beruflichen Erfolg fördern.

Machen Sie sich bereit, Ihre analytischen Fähigkeiten auf ein neues Niveau zu heben und Copilot als intelligenten Sparringspartner für tiefgreifende Dateneinblicke zu nutzen.

4.1 DATENVISUALISIERUNG AUF AUTOPILOT: AUSSAGEKRÄFTIGE DIAGRAMME SCHNELL ERSTELLEN

4.1.1 DEN PASSENDEN DIAGRAMMTYP FÜR IHRE DATEN AUTOMATISCH AUSWÄHLEN LASSEN

Die Wahl des richtigen Diagrammtyps stellt viele Excel-Nutzer vor eine echte Herausforderung. In meinen Workshops sehe ich regelmäßig, wie Teilnehmer vor dem Visualisierungsmenü verharren und unsicher zwischen Säulen-, Linien- oder Kreisdiagrammen schwanken. Diese Unsicherheit ist verständlich, denn die falsche Diagrammwahl kann Ihre Daten unverständlich oder sogar irreführend darstellen. Mit Copilot M365 gehört dieses Dilemma der Vergangenheit an.

Die Auswahl des optimalen Diagrammtyps basiert auf komplexen Überlegungen: Welche Datenbeziehungen sollen hervorgehoben werden? Handelt es sich um zeitliche Verläufe, Verhältnisse oder Vergleiche? Welche visuelle Darstellung wird vom Zielpublikum am leichtesten verstanden? Copilot analysiert Ihre Daten und berücksichtigt diese Faktoren automatisch, um die passendste Visualisierung vorzuschlagen.

Ein Controlling-Mitarbeiter eines meiner Kunden beschrieb seine Erfahrung so: "Früher verbrachte ich viel Zeit mit dem Experimentieren verschiedener Diagrammtypen. Heute sage ich Copilot einfach, was ich zeigen möchte, und erhalte sofort eine passende Visualisierung. Das spart nicht nur Zeit, sondern liefert auch professionellere Ergebnisse."

Der Schlüssel zum Erfolg liegt in präzisen Prompts. Anstatt Copilot zu bitten, "ein Diagramm zu erstellen", formulieren Sie Ihr Anliegen spezifischer: "Erstelle ein Diagramm, das die Umsatzentwicklung der letzten 12 Monate nach Produktkategorien vergleicht und

Trends verdeutlicht." Je klarer Ihre Intention, desto besser die Diagrammauswahl.

Diese Herangehensweise revolutioniert die Datenvisualisierung in Excel. Statt sich mit technischen Details aufzuhalten, konzentrieren Sie sich auf die Geschichte, die Ihre Daten erzählen sollen. Die technische Umsetzung übernimmt Copilot. Eine Marketingleiterin drückte es treffend aus: "Es fühlt sich an, als hätte ich einen Grafikdesigner an meiner Seite, der genau versteht, was ich kommunizieren möchte."

Die Vorteile der automatischen Diagrammauswahl gehen weit über Zeitersparnis hinaus. Copilot bringt datenvisuelles Expertenwissen in Ihre tägliche Arbeit ein. Die KI kennt Prinzipien effektiver Datenvisualisierung und wendet sie auf Ihre spezifische Situation an. Selbst Visualisierungsanfänger erzielen so professionelle Resultate.

Typische Anwendungsfälle, bei denen die automatische Diagrammauswahl besonders wertvoll ist:

- **Zeitreihenanalysen:** Copilot erkennt zeitbasierte Daten und schlägt passende Linien- oder Flächendiagramme vor, die Trends optimal darstellen.
- **Kategorische Vergleiche:** Für Vergleiche zwischen verschiedenen Kategorien empfiehlt die KI typischerweise Säulen- oder Balkendiagramme mit sinnvoller Sortierung.
- **Anteilsdarstellungen:** Bei Daten, die Teile eines Ganzen zeigen, werden Kreis- oder Ringdiagramme vorgeschlagen, solange die Anzahl der Segmente überschaubar bleibt.
- **Korrelationsanalysen:** Für die Untersuchung von Zusammenhängen zwischen zwei Variablen bietet Copilot Streudiagramme an.
- **Mehrdimensionale Vergleiche:** Bei komplexeren Datensätzen können Radar-, Blasen- oder Flächendiagramme zum Einsatz kommen.

Um die ideale Diagrammempfehlung zu erhalten, sollten Ihre Prompts bestimmte Schlüsselinformationen enthalten. Ich habe eine einfache Formel entwickelt, die Sie als Grundlage nutzen können:

1. **Datenbereich:** Geben Sie an, welche Daten visualisiert werden sollen.
2. **Ziel der Visualisierung:** Beschreiben Sie, welche Einsicht Sie vermitteln möchten.
3. **Zielpublikum:** Nennen Sie, für wen die Visualisierung bestimmt ist.
4. **Kontext:** Ergänzen Sie relevante Hintergrundinformationen zur Interpretation.

Ein konkretes Beispiel aus meiner Beratungspraxis: "Erstelle ein Diagramm aus den Kundenzufriedenheitsdaten in Bereich A1:D20, das zeigt, wie sich die Zufriedenheit nach Einführung des neuen Service-Konzepts verändert hat. Die Visualisierung ist für das Management-Meeting gedacht und sollte deutlich machen, ob unsere Maßnahmen wirksam waren."

Die Magie beginnt, wenn Copilot nicht nur den Diagrammtyp auswählt, sondern auch gleich die optimale Konfiguration vornimmt. Dies umfasst:

- Sinnvolle Achsenbeschriftungen und Titel
- Passende Farben und Stile
- Geeignete Skalierung der Achsen
- Datenreihenreihenfolge für maximale Verständlichkeit
- Hilfslinien und Datenbeschriftungen, wo nützlich

Ein Controller beschrieb seinen Aha-Moment: "Als Copilot nicht nur ein perfektes Säulendiagramm erstellte, sondern auch automatisch eine Trendlinie einfügte und die Datenpunkte optimal beschriftete, war ich begeistert. Diese Feinheiten hätte ich manuell vermutlich vergessen."

Copilot kann auch in Situationen brillieren, in denen klassische Excel-Diagrammtypen an ihre Grenzen stoßen. Durch einen Prompt wie "Erstelle eine innovative Visualisierung für meine Quartalszahlen, die herkömmliche Diagrammtypen übertrifft" können Sie die KI zu kreativen Lösungen anregen. Ein Finanzanalyst berichtete von einer kombinierten Visualisierung, die Copilot vorschlug und die er manuell nie in Betracht gezogen hätte.

Bei komplexen Datensätzen zeigt sich ein weiterer Vorteil: Copilot kann mehrere ergänzende Visualisierungen vorschlagen. Ein prompt wie "Zeige mir verschiedene Perspektiven auf meine Verkaufsdaten, um unterschiedliche Einsichten zu gewinnen" generiert mehrere Diagramme, die jeweils andere Aspekte der Daten beleuchten.

Die intelligente Diagrammauswahl funktioniert auch hervorragend für spezifische Branchen und Anwendungsfälle. Prompts wie "Erstelle ein Diagramm für Finanzanalysten, das die Gewinnmargenentwicklung klar darstellt" führen zu Visualisierungen, die branchenspezifische Standards berücksichtigen.

Besonders wertvoll ist die Möglichkeit, das perfekte Diagramm durch iterative Verfeinerung zu entwickeln. Anstatt bei der ersten Empfehlung stehenzubleiben, können Sie Copilot um Anpassungen bitten: "Das Säulendiagramm sieht gut aus, aber könntest du eine Variante erstellen, die den Fokus stärker auf die Produktkategorien mit überdurchschnittlichem Wachstum legt?"

Für Teams bietet die automatische Diagrammauswahl einen weiteren Vorteil: konsistente Visualisierungen über verschiedene Berichte hinweg. Ein Teamleiter schilderte mir: "Früher hatte jeder Mitarbeiter seinen eigenen Visualisierungsstil. Mit Copilot haben wir jetzt eine einheitliche visuelle Sprache in allen Berichten, was die Interpretation deutlich erleichtert."

Die Grenzen dieser Funktion sollten ebenfalls berücksichtigt werden. Copilot ist brillant darin, Standard-Visualisierungen zu erstellen, aber bei hochspezialisierten Anforderungen oder ungewöhnlichen Datenstrukturen kann menschliches Urteilsvermögen erforderlich sein. Ein Data Scientist meines Kundenkreises nutzt Copilot für die Erstellung erster Visualisierungsentwürfe, verfeinert diese aber anschließend manuell für komplexe wissenschaftliche Präsentationen.

Ein praktischer Tipp aus meiner Erfahrung: Beginnen Sie mit einem allgemeinen Prompt zur Diagrammerstellung und verfeinern Sie diesen basierend auf dem ersten Ergebnis. Dieser iterative Dialog mit Copilot führt oft zu den besten Visualisierungen. Sie könnten beispielsweise mit "Visualisiere den Zusammenhang zwischen Kundenalter und Kaufsumme" beginnen und dann spezifischer werden: "Füge eine farbliche Kodierung nach Kundengruppe hinzu und markiere den Durchschnittswert."

Bei der Präsentation Ihrer automatisch erstellten Diagramme können Sie auch Copilot bitten, erklärende Texte zu generieren. Ein Prompt wie "Erkläre die wichtigsten Erkenntnisse aus diesem Diagramm in drei prägnanten Punkten" liefert Ihnen Interpretationshilfen, die Sie in Ihre Präsentation einbauen können.

Die Zeitersparnis durch die automatische Diagrammauswahl ist beachtlich. Eine Umfrage unter meinen Klienten ergab, dass die Erstellung aussagekräftiger Visualisierungen durchschnittlich 75% weniger Zeit in Anspruch nimmt. Ein Vertriebsleiter berichtete, dass er nun wöchentlich statt monatlich visuelle Verkaufsberichte erstellt, weil der Prozess so effizient geworden ist.

Neben der reinen Effizienzsteigerung beobachte ich einen noch wichtigeren Effekt: Die Schwelle zur Datenvisualisierung sinkt drastisch. Mitarbeiter, die früher vor der Diagrammerstellung zurückschreckten, nutzen nun regelmäßig visuelle Darstellungen in ihrer Kommunikation. Das führt zu besseren Entscheidungen, da komplexe Zusammenhänge leichter erfasst werden können.

Die automatische Diagrammauswahl ist ein perfektes Beispiel für die ergänzende Zusammenarbeit zwischen menschlicher Intention und künstlicher Intelligenz. Sie definieren das Ziel, und Copilot findet den optimalen Weg dorthin. Diese Arbeitsteilung erlaubt es Ihnen, sich auf den strategischen Aspekt Ihrer Analyse zu konzentrieren, während die KI die technische Umsetzung übernimmt.

Im nächsten Abschnitt werden wir uns damit beschäftigen, wie Sie mit Copilot komplexe Zusammenhänge visuell verständlich aufbereiten können, um Ihre Datenvisualisierungsfähigkeiten auf die nächste Stufe zu heben.

4.1.2 KOMPLEXE ZUSAMMENHÄNGE VISUELL VERSTÄNDLICH AUFBEREITEN

Komplexe Datenbeziehungen verständlich zu visualisieren stellt selbst erfahrene Excel-Nutzer vor große Herausforderungen. In meiner Beratungstätigkeit sehe ich regelmäßig, wie Fachkräfte stundenlang mit verschiedenen Diagrammen experimentieren, Datenreihen umstrukturieren und Formatierungen anpassen, nur um am Ende ein mittelmäßiges Ergebnis zu erzielen. Viele geben frustriert auf und präsentieren ihre wertvollen Erkenntnisse dann als simple Tabellen, wodurch wichtige Zusammenhänge oft verloren gehen.

Mit Copilot M365 gehört diese Frustration der Vergangenheit an. Die KI versteht nicht nur Daten, sondern auch die Prinzipien effektiver Visualisierung. Sie erkennt Muster, Beziehungen und Hierarchien in Ihren Daten und kann diese in aussagekräftige visuelle Darstellungen übersetzen. Ein Controlling-Leiter eines Maschinenbauunternehmens beschrieb mir seinen Aha-Moment:

"Nach jahrelangem Kampf mit komplexen Charts konnte ich plötzlich mehrdimensionale Kostenstrukturen visualisieren, die für jeden verständlich waren, nicht nur für Excel-Experten."

Die Visualisierung komplexer Zusammenhänge erfordert mehr als nur die Wahl des richtigen Diagrammtyps. Es geht um die Kunst, Daten so zu präsentieren, dass die wichtigsten Erkenntnisse unmittelbar ins Auge fallen. Dabei müssen verschiedene Aspekte berücksichtigt werden: Datengruppierung, Farbgebung, Beschriftungen, Skalierung und die Integration von Hilfselementen wie Trendlinien oder Durchschnittswerten.

Ein besonders mächtiges Feature von Copilot ist seine Fähigkeit, mehrdimensionale Daten intuitiv zu visualisieren. In traditionellen Excel-Workflows müssten Sie für solche Darstellungen entweder komplexe Pivottabellen erstellen oder mehrere separate Diagramme kombinieren. Mit einem präzisen Prompt wie "Erstelle eine Visualisierung, die den Zusammenhang zwischen Umsatz, Gewinnmarge und Kundensegmenten zeigt, wobei die Produktkategorie als zusätzliche Dimension dargestellt wird" generiert Copilot ein maßgeschneidertes Diagramm, das all diese Dimensionen integriert.

Zur Verdeutlichung möchte ich einige typische Anwendungsfälle für komplexe Visualisierungen teilen, die ich mit meinen Klienten umgesetzt habe:

1. **Zeitreihenanalysen mit mehreren Variablen**

- **Herausforderung:** Darstellung der Entwicklung mehrerer KPIs über die Zeit mit Hervorhebung von Korrelationen
- **Copilot-Prompt:** "Erstelle ein kombiniertes Linien- und Säulendiagramm, das die monatliche Umsatzentwicklung als Säulen und die Conversion-Rate als Linie darstellt. Hebe

Zeitpunkte hervor, an denen beide Kennzahlen stark ansteigen oder abfallen."

- **Ergebnis:** Ein dual-achsen Diagramm mit intelligenter Farbgebung, das Zusammenhänge sofort erkennbar macht

2. **Hierarchische Datenbeziehungen**

- **Herausforderung:** Visualisierung von Budget-Verteilungen über mehrere Organisationsebenen
- **Copilot-Prompt:** "Visualisiere die Budgetverteilung nach Abteilungen und Unterprojekten als Treemap, wobei die Größe der Flächen das Budgetvolumen und die Farbe die Budgetausschöpfung darstellt."
- **Ergebnis:** Eine intuitive hierarchische Darstellung, die sowohl die Struktur als auch die Leistung auf einen Blick zeigt

3. **Multidimensionale Leistungsvergleiche**

- **Herausforderung:** Vergleich von Produkten nach mehreren Leistungsindikatoren
- **Copilot-Prompt:** "Erstelle ein Radar-Diagramm, das unsere fünf Hauptprodukte anhand der Kriterien Umsatz, Marge, Kundenzufriedenheit, Marktanteil und Wachstumsrate vergleicht."
- **Ergebnis:** Eine kompakte Visualisierung, die Stärken und Schwächen jedes Produkts sofort erkennbar macht

Eine Finanzanalystin eines Pharmaunternehmens berichtete mir von ihrer Erfahrung: "Früher musste ich für Vorstandspräsentationen mehrere Einzeldiagramme erstellen und umständlich erklären. Mit Copilot konnte ich eine integrierte Visualisierung generieren, die unsere Kostenstruktur in Relation zum Umsatz und zur Marktentwicklung zeigte. Der Vorstand erfasste die Zusammenhänge sofort."

Die Qualität Ihrer komplexen Visualisierungen hängt maßgeblich von der Präzision Ihrer Prompts ab. Ich habe eine Struktur entwickelt, die sich bei der Erstellung anspruchsvoller Diagramme bewährt hat:

- **Datengrundlage:** Definieren Sie klar, welche Daten visualisiert werden sollen
- **Primäre Beziehung:** Benennen Sie den Hauptzusammenhang, den Sie darstellen möchten
- **Sekundäre Dimensionen:** Geben Sie an, welche zusätzlichen Faktoren berücksichtigt werden sollen
- **Visuelle Präferenzen:** Spezifizieren Sie Wünsche zu Farben, Layout oder besonderen Elementen
- **Zielpublikum:** Erwähnen Sie, für wen die Visualisierung bestimmt ist (Management, Fachkollegen, etc.)

Ein Beispiel für einen ausführlichen Prompt wäre: "Erstelle ein Diagramm für meine Vertriebsleiter, das den Zusammenhang zwischen Verkaufsvolumen und Kundenbesuchen pro Region zeigt. Nutze die Größe der Datenpunkte, um das Potenzial jeder Region darzustellen, und gruppiere die Punkte farblich nach Vertriebskanal. Füge eine Trendlinie hinzu, die den durchschnittlichen Zusammenhang visualisiert."

Besonders wertvoll ist die Fähigkeit von Copilot, kontextsensitive Beschriftungen und Erklärungen hinzuzufügen. Statt nur die Daten darzustellen, kann die KI wichtige Datenpunkte hervorheben und mit informativen Labels versehen. Ein Prompt wie "Beschrifte die fünf wichtigsten Datenpunkte mit ihren Werten und einer kurzen Erklärung ihrer Bedeutung" verwandelt ein statisches Diagramm in eine sich selbst erklärende Geschichte.

Die Integration mehrerer Visualisierungsformen in einem kohärenten Dashboard stellt eine fortgeschrittene Anwendung dar. Mit Copilot können Sie ein komplettes Analysedashboard erstellen, das verschiedene Aspekte Ihrer Daten beleuchtet. Ein Projektmanager eines meiner Kunden formulierte es so: "Copilot erstellte mir ein Dashboard mit drei komplementären Visualisierungen, die zusammen ein vollständiges Bild unserer Projektperformance vermittelten. Die automatische Abstimmung der Farben, Skalen und Achsen schuf eine professionelle Optik, die ich manuell nie hinbekommen hätte."

Eine kreative Anwendung, die ich oft empfehle, ist die visuelle Gegenüberstellung von Ist- und Soll-Zuständen oder verschiedenen Szenarien. Ein Prompt wie "Erstelle eine Visualisierung, die unsere aktuelle Kostenstruktur mit dem Zielmodell vergleicht und die größten Abweichungsbereiche hervorhebt" generiert eine aufschlussreiche Gegenüberstellung, die Handlungsbedarf sofort erkennbar macht.

Die automatische Anpassung von Visualisierungen an verschiedene Zielgruppen ist ein weiterer Vorteil. Dieselben Daten können je nach Publikum unterschiedlich dargestellt werden. Ein Controller beschrieb mir seine Erfahrung: "Für das Management erstellt Copilot eine hochaggregierte Übersicht mit Fokus auf finanzielle KPIs, während dasselbe Prompt mit dem Zusatz 'für das operative Team' eine detailliertere Darstellung mit Prozess-Metriken generiert."

Die Animation von Daten über Zeitverläufe ermöglicht besonders eindrucksvolle Visualisierungen. Mit einem Prompt wie "Erstelle eine animierte Visualisierung, die zeigt, wie sich der Marktanteil unserer Produktlinien über die letzten acht Quartale entwickelt hat" erzeugt Copilot dynamische Darstellungen, die Entwicklungen plastisch verdeutlichen.

Um das volle Potenzial komplexer Visualisierungen auszuschöpfen, experimentieren Sie mit verschiedenen Ansätzen. Bitten Sie Copilot, dieselben Daten auf unterschiedliche Weise darzustellen: "Zeige mir drei verschiedene Visualisierungsansätze für die Kundenentwicklung nach Regionen und Produktgruppen." Vergleichen Sie die Ergebnisse und wählen Sie die Darstellung, die Ihre Geschichte am überzeugendsten erzählt.

Die Kombination von Daten- und Textvisualisierungen eröffnet neue Möglichkeiten. Ein Marketing-Manager nutzt Copilot, um Kundenfeedback mit quantitativen Verkaufsdaten zu verbinden: "Erstelle eine Visualisierung, die unsere Produktbewertungen den Verkaufszahlen gegenüberstellt und häufig genannte Begriffe aus den Rezensionen als Wortwolke integriert." Diese Kombination qualitativer und quantitativer Daten liefert ganzheitliche Einblicke.

Ein häufig übersehener Aspekt ist die barrierefreie Gestaltung von Visualisierungen. Ein Prompt wie "Erstelle ein farbenblindheitsfreundliches Diagramm, das auch ohne Farben verständlich ist, indem unterschiedliche Formen und Muster verwendet werden" sorgt dafür, dass Ihre Visualisierungen für alle Teammitglieder zugänglich sind.

Die Zeitersparnis durch die automatisierte Erstellung komplexer Visualisierungen ist enorm. Ein Teamleiter aus dem Controlling berichtete mir: "Was früher einen vollen Tag in Anspruch nahm, erledige ich jetzt in einer halben Stunde. Die gewonnene Zeit investiere ich in die Interpretation und strategische Nutzung der Erkenntnisse."

Ein abschließender Tipp: Entwickeln Sie eine Bibliothek erfolgreicher Visualisierungs-Prompts für wiederkehrende Analysen. So können Sie konsistente Darstellungen über verschiedene Berichtszeiträume hinweg erzeugen und gleichzeitig sicherstellen, dass die visuelle Sprache in Ihrem Team einheitlich bleibt.

Im nächsten Abschnitt werden wir erkunden, wie Sie Copilot nutzen können, um komplexe Excel-Formeln per einfacher Beschreibung zu generieren und anzuwenden, was Ihre analytischen Fähigkeiten weiter stärken wird.

4.2 Tiefergehende Analysen anstossen: Formeln und Mustererkennung mit Copilot umsetzen

4.2.1 Komplexe Excel-Formeln per Beschreibung generieren und anwenden

Komplexe Excel-Formeln gehören zu den mächtigsten Werkzeugen in der Datenanalyse, stellen aber gleichzeitig eine der größten Hürden für viele Anwender dar. In meiner Beratungspraxis begegne ich täglich Fachkräften, die vor einer scheinbar einfachen Aufgabe stehen, aber an der korrekten Syntax einer verschachtelten WENN-Funktion oder einer dynamischen SVERWEIS-Kombination scheitern. Diese Frustration kostet nicht nur wertvolle Arbeitszeit, sondern bremst auch das volle analytische Potenzial aus.

Mit Copilot M365 gehört dieses Problem der Vergangenheit an. Die revolutionäre Fähigkeit von Copilot, natürliche Sprache in funktionierende Formeln zu übersetzen, demokratisiert fortgeschrittene Excel-Funktionen und macht sie für jeden zugänglich. Ein Controller aus dem Automotive-Bereich beschrieb mir seine Erfahrung so: "Nach Jahren des Ringens mit komplexen Formeln kann ich jetzt einfach beschreiben, was ich erreichen möchte, und Copilot erledigt den Rest. Das hat meine Produktivität verdoppelt."

Die Magie beginnt mit einem präzisen Prompt. Statt sich durch Excel-Hilfefunktionen zu kämpfen oder Formelsyntax zu googeln, beschreiben Sie Ihr gewünschtes Ergebnis in natürlicher Sprache. Copilot übersetzt Ihre Intention in eine funktionierende Formel, komplett mit korrekter Syntax und Zellbezügen. Dies funktioniert für alle Komplexitätsstufen, von einfachen Berechnungen bis hin zu verschachtelten Abfragen.

Die Qualität Ihrer Formel hängt direkt von der Klarheit Ihres Prompts ab. Basierend auf meinen Erfahrungen mit zahlreichen Kunden habe ich eine einfache Struktur für effektive Formel-Prompts entwickelt:

1. **Konkrete Zielbeschreibung**

   - Formulieren Sie klar, welches Ergebnis die Formel liefern soll
   - Beispiel: "Ich benötige eine Formel, die den Gesamtumsatz pro Kunde berechnet, aber nur für Transaktionen über 500€"

2. **Datenkontext**

   - Beschreiben Sie die relevanten Spalten und deren Inhalt
   - Beispiel: "Spalte A enthält Kundennamen, Spalte B die Transaktionsbeträge und Spalte C die Transaktionsdaten"

3. **Spezifische Bedingungen**

   - Definieren Sie alle Bedingungen oder Ausnahmen
   - Beispiel: "Nur Transaktionen aus dem aktuellen Quartal sollen berücksichtigt werden"

4. **Gewünschtes Format**

   - Geben Sie an, wie das Ergebnis formatiert sein soll
   - Beispiel: "Das Ergebnis soll als Währung mit zwei Dezimalstellen dargestellt werden"

Ein Finanzanalyst eines mittelständischen Unternehmens berichtete begeistert: "Mit diesem Ansatz konnte ich eine komplexe SUMMEWENNS-Formel mit drei Bedingungen erstellen, ohne die genaue Syntax zu kennen. Copilot hat nicht nur die Formel generiert, sondern sie auch erklärt!"

Die Bandbreite möglicher Formeltypen, die Sie durch natürlichsprachliche Beschreibung generieren können, ist beeindruckend. Hier einige typische Anwendungsfälle aus meiner Beratungspraxis:

- **Bedingte Berechnungen:** "Erstelle eine Formel, die den Bonus für jeden Mitarbeiter berechnet: 2% des Umsatzes bei Zielerreichung unter 100%, 3% bei Zielerreichung zwischen 100% und 120%, und 5% bei Zielerreichung über 120%."

- **Datumsfunktionen:** "Generiere eine Formel, die berechnet, wie viele Arbeitstage (Montag bis Freitag) zwischen dem Bestelldatum in Spalte C und dem Lieferdatum in Spalte D liegen."

- **Textmanipulation:** "Erstelle eine Formel, die aus dem vollständigen Namen in Spalte A den Nachnamen extrahiert und mit den ersten zwei Buchstaben des Vornamens kombiniert, um einen Benutzernamen zu generieren."

- **Mehrstufige Suchfunktionen:** "Schreibe eine Formel, die zuerst den Produktcode in Tabelle 'Produkte' sucht, dann den zugehörigen Lieferanten identifiziert und schließlich die Lieferzeit aus der Tabelle 'Lieferanten' ermittelt."

Eine Teamleiterin aus dem Controlling teilte mir ihre Erfahrung mit: "Vor Copilot musste ich für komplexere Formeln immer unsere Excel-Spezialisten um Hilfe bitten. Jetzt löse ich 90% dieser Aufgaben selbstständig, was unseren gesamten Workflow beschleunigt hat."

Besonders wertvoll ist Copilots Fähigkeit, nicht nur Formeln zu generieren, sondern diese auch zu erklären. Mit einem einfachen Prompt wie "Erkläre mir, wie diese Formel funktioniert" erhalten Sie eine detaillierte Erläuterung, die Ihnen hilft, die zugrundeliegende Logik zu verstehen. Dies fördert Ihr Lernpotenzial und baut schrittweise Ihre Excel-Kompetenz auf.

Die Verbesserung von bestehenden Formeln stellt einen weiteren praktischen Anwendungsfall dar. Wenn Sie eine funktionale, aber unelegante Formel haben, können Sie Copilot bitten, diese zu optimieren: "Diese Formel funktioniert, ist aber komplex und langsam. Kannst du sie effizienter gestalten?" Die KI analysiert Ihre bestehende Formel und schlägt oft elegantere Alternativen vor.

Für Teams bietet die Formelgenerierung durch Copilot besondere Vorteile. Ein einheitlicher Ansatz für komplexe Berechnungen verbessert die Konsistenz und erleichtert die Zusammenarbeit. Ein Projektleiter berichtete mir: "Früher hatte jeder Analyst seine eigene Art, bestimmte Berechnungen durchzuführen. Mit Copilot folgen wir jetzt einem standardisierten Ansatz, was die Nachvollziehbarkeit erheblich verbessert."

Die Integration von Formeln in größere Analysen wird durch Copilot ebenfalls vereinfacht. Sie können komplexe analytische Workflows beschreiben und die notwendigen Formeln Schritt für Schritt generieren lassen. Ein beispielhafter Prompt könnte lauten: "Ich möchte eine Analyse unserer Verkaufsdaten durchführen. Erstelle zunächst eine Formel, die den durchschnittlichen Umsatz pro Region berechnet, dann eine zweite Formel, die die prozentuale Veränderung zum Vorjahr ermittelt."

Die Fehlersuche in komplexen Formeln, traditionell eine zeitraubende Aufgabe, wird mit Copilot drastisch vereinfacht. Bei einer fehlerhaften Formel können Sie einfach fragen: "Diese Formel liefert falsche Ergebnisse. Kannst du den Fehler identifizieren und die Formel korrigieren?" Copilot analysiert die Formel, erkennt häufige Fehlerquellen und schlägt Korrekturen vor.

Ein wichtiger Aspekt bei der Arbeit mit Copilot-generierten Formeln ist die Validierung. Obwohl die KI beeindruckend genau arbeitet, empfehle ich stets, die Ergebnisse mit Stichproben zu überprüfen. Ein Finanzcontroller teilte seinen pragmatischen Ansatz mit mir: "Ich lasse Copilot komplexe Formeln erstellen, teste sie dann mit einfachen Beispielen und verstehe dadurch auch besser, wie sie funktionieren."

Die Zeitersparnis durch die natürlichsprachliche Formelgenerierung ist beachtlich. Eine Umfrage unter meinen Klienten ergab, dass die Zeit für die Erstellung komplexer Formeln durchschnittlich um 75% reduziert wurde. Ein Vertriebscontroller berichtete: "Was früher Stunden des Experimentierens erforderte, erledige ich jetzt in Minuten, mit zuverlässigeren Ergebnissen."

Die Schwelle zur Nutzung fortgeschrittener Excel-Funktionen sinkt durch Copilot drastisch. Funktionen wie AGGREGAT, MATRIX.MULTIPLIKATION oder verschachtelte WENNFEHLER-Konstrukte, die früher Excel-Profis vorbehalten waren, stehen nun jedem zur Verfügung. Dies demokratisiert fortgeschrittene Analysen und hebt das analytische Niveau ganzer Teams.

Ein abschließender Tipp aus meiner Praxis: Nutzen Sie Copilot auch, um bestehende Formeln zu dokumentieren. Mit einem Prompt wie "Erstelle eine Dokumentation für diese komplexe Formel in Zelle G7, die auch für Excel-Anfänger verständlich ist" generieren Sie klare Erläuterungen, die Sie in Kommentaren oder separaten Dokumentationsblättern speichern können.

Die Fähigkeit, komplexe Formeln per Beschreibung zu generieren und anzuwenden, verändert fundamental, wie wir mit Excel arbeiten. Sie verschiebt den Fokus von der technischen Syntax zum inhaltlichen Denken und erlaubt Ihnen, sich auf die eigentliche Analyse zu konzentrieren, statt sich in Formeldetails zu verlieren.

Im nächsten Abschnitt werden wir erkunden, wie Copilot Ihnen hilft, verborgene Trends, Ausreißer und Muster in Ihren Daten zu entdecken und so Ihre analytischen Fähigkeiten auf eine noch höhere Stufe zu heben.

4.2.2 Trends, Ausreisser und Muster in Ihren Daten durch KI aufdecken lassen

Die Fähigkeit, versteckte Muster in Daten zu erkennen, unterscheidet durchschnittliche von herausragenden Analysten. In meiner langjährigen Beratungspraxis beobachte ich regelmäßig, wie Fachkräfte stundenlang über Excel-Tabellen brüten, ohne die wirklich relevanten Zusammenhänge zu entdecken. Das menschliche Auge ist schlicht nicht dafür gemacht, komplexe Datenmuster ohne Unterstützung zu erkennen – besonders bei großen Datenmengen mit vielen Variablen.

Mit Copilot M365 steht Ihnen nun ein leistungsstarker KI-Partner zur Seite, der über beeindruckende Fähigkeiten in der Mustererkennung verfügt. Die künstliche Intelligenz kann in Sekundenschnelle Trends identifizieren, Ausreißer markieren und verborgene Muster aufdecken, für die Sie sonst Tage benötigen würden. Ein Vertriebsleiter eines Maschinenbauunternehmens erzählte mir begeistert: "Copilot entdeckte einen saisonalen Trend in unseren Verkaufsdaten, der uns jahrelang verborgen geblieben war. Diese Erkenntnis führte zu einer kompletten Neuausrichtung unserer Marketingstrategie."

Die KI-gestützte Mustererkennung bietet drei wesentliche Vorteile gegenüber manuellen Methoden:

1. **Geschwindigkeit:** Was früher Stunden oder Tage dauerte, erledigt Copilot in Sekunden
2. **Tiefe:** Die KI kann mehrdimensionale Zusammenhänge erkennen, die dem menschlichen Auge entgehen
3. **Objektivität:** Copilot arbeitet frei von kognitiven Verzerrungen und vorgefassten Meinungen

Um das volle Potenzial der KI-gestützten Mustererkennung auszuschöpfen, empfehle ich einen strukturierten Ansatz in drei Phasen:

- **Phase 1: Explorative Datenanalyse**

- Lassen Sie Copilot einen ersten Überblick über Ihre Daten geben
- Bitten Sie um die Identifikation auffälliger Muster und Besonderheiten
- Nutzen Sie diese Erkenntnisse für gezieltere Fragen

- **Phase 2: Fokussierte Mustersuche**

  - Richten Sie den Fokus auf bestimmte Variablen oder Zeiträume
  - Fragen Sie nach spezifischen Mustern, die Sie vermuten
  - Bitten Sie um tiefergehende Analyse identifizierter Auffälligkeiten

- **Phase 3: Interpretation und Validierung**

  - Lassen Sie Copilot mögliche Erklärungen für die gefundenen Muster vorschlagen
  - Überprüfen Sie die Erkenntnisse kritisch
  - Entwickeln Sie Hypothesen für weitere Analysen oder Maßnahmen

Ein konkretes Beispiel: Eine Controlling-Mitarbeiterin aus dem Einzelhandel wollte Faktoren identifizieren, die den Abverkauf bestimmter Produktgruppen beeinflussen. Statt mühsamer manueller Analysen formulierte sie diesen Prompt: "Analysiere die Verkaufsdaten der letzten 12 Monate und identifiziere Muster oder Korrelationen zwischen Verkaufszahlen, Wochentagen, Wettereinflüssen und laufenden Marketingaktionen." Copilot lieferte innerhalb von Sekunden wertvolle Erkenntnisse, die zu einer Umsatzsteigerung von 8% führten.

Lassen Sie uns die wichtigsten Anwendungsfälle für die KI-gestützte Mustererkennung genauer betrachten:

1. **Trendanalyse: Entwicklungen frühzeitig erkennen**

   - **Prompt-Beispiel:** "Analysiere die Vertriebsdaten der letzten acht Quartale und identifiziere

144

signifikante Trends bei Produktkategorien, Regionen und Kundensegmenten."

- **Mehrwert:** Frühzeitige Erkennung von Marktveränderungen und Anpassung Ihrer Strategie

2. **Ausreißererkennung: Anomalien identifizieren**

   - **Prompt-Beispiel:** "Untersuche meine Kostendaten auf Ausreißer, die signifikant vom erwarteten Muster abweichen, und schlage mögliche Erklärungen vor."
   - **Mehrwert:** Schnelle Identifikation von Problemen oder außergewöhnlichen Chancen

3. **Korrelationsanalyse: Zusammenhänge entdecken**

   - **Prompt-Beispiel:** "Analysiere, welche Faktoren am stärksten mit der Kundenzufriedenheit korrelieren und quantifiziere diese Zusammenhänge."
   - **Mehrwert:** Identifikation von Hebeln für gezielte Verbesserungsmaßnahmen

4. **Segmentierung: Natürliche Gruppierungen finden**

   - **Prompt-Beispiel:** "Segmentiere unsere Kunden basierend auf Kaufverhalten, demografischen Merkmalen und Interaktionsmustern in aussagekräftige Gruppen."
   - **Mehrwert:** Zielgerichtete Marketing- und Vertriebsstrategien für verschiedene Kundensegmente

5. **Prognosemodelle: Zukünftige Entwicklungen vorhersagen**

   - **Prompt-Beispiel:** "Erstelle auf Basis der historischen Daten eine Prognose der Verkaufsentwicklung für die nächsten sechs Monate unter Berücksichtigung saisonaler Faktoren."

- **Mehrwert:** Fundierte Planung und vorausschauende Entscheidungen

Die Kunst der effektiven Mustererkennung mit Copilot liegt in der präzisen Formulierung Ihrer Prompts. Ich habe mit zahlreichen Teams erfolgreich dieses Grundgerüst verwendet:

1. **Datenbereich definieren:** Spezifizieren Sie, welche Daten analysiert werden sollen
2. **Analyseziel benennen:** Beschreiben Sie klar, welche Art von Mustern oder Erkenntnissen Sie suchen
3. **Kontext liefern:** Geben Sie relevante Hintergrundinformationen zur Interpretation
4. **Ausgabeformat festlegen:** Definieren Sie, wie die Ergebnisse präsentiert werden sollen

Ein Finanzanalyst eines Pharmaunternehmens teilte mir seine Erfahrung mit: "Nach anfänglicher Skepsis bin ich heute begeistert von der Fähigkeit von Copilot, verborgene Zusammenhänge in unseren Finanzdaten aufzudecken. Besonders wertvoll ist die Möglichkeit, verschiedene Hypothesen schnell zu testen und zu validieren."

Für fortgeschrittene Anwender bietet Copilot die Möglichkeit, komplexere statistische Analysen durchzuführen. Mit Prompts wie "Führe eine Regressionsanalyse durch, um zu verstehen, welche Faktoren den größten Einfluss auf unsere Verkaufszahlen haben" oder "Erstelle ein Clustering-Modell für unsere Produktpalette basierend auf Verkaufsmustern und Kundendemografie" erschließen Sie das volle analytische Potenzial der KI.

Die visuelle Aufbereitung erkannter Muster spielt eine entscheidende Rolle für deren Verständnis und Kommunikation. Copilot kann nicht nur Muster identifizieren, sondern diese auch in aussagekräftigen Visualisierungen darstellen. Ein effektiver Prompt könnte lauten: "Visualisiere die identifizierten Trends in einer Heatmap und erstelle ein Dashboard, das die wichtigsten Erkenntnisse übersichtlich darstellt."

Eine Teamleiterin im Controlling beschrieb ihren Aha-Moment: "Als Copilot mir nicht nur die Korrelation zwischen Lieferzeit und Kundenzufriedenheit aufzeigte, sondern diese auch in einem interaktiven Diagramm darstellte, konnte ich meine Erkenntnisse viel überzeugender an die Geschäftsführung kommunizieren."

Die Interpretation der von Copilot erkannten Muster erfordert nach wie vor menschliches Urteilsvermögen. Die KI kann Ihnen sagen, DASS ein Zusammenhang besteht, aber die Bewertung des WARUM und die Ableitung von Handlungsempfehlungen bleibt Ihre wertvolle Aufgabe. Ein praktischer Ansatz ist, Copilot um Interpretationsvorschläge zu bitten: "Schlage mögliche Erklärungen für den identifizierten Rückgang der Kundeninteraktionen im dritten Quartal vor."

Ein Vertriebsmanager teilte mir seine Methode mit: "Ich lasse Copilot verschiedene Hypothesen zu den erkannten Mustern formulieren und bewerte diese dann auf Basis meiner Marktkenntnisse. Diese Kombination aus KI-Analyse und menschlicher Expertise liefert die besten Ergebnisse."

Die kontinuierliche Verfeinerung Ihrer Analysen durch iterative Prompts führt zu immer wertvolleren Erkenntnissen. Statt sich mit dem ersten Ergebnis zufriedenzugeben, bauen Sie auf den initial erkannten Mustern auf: "Du hast eine Korrelation zwischen Produktkategorie A und urbanen Märkten identifiziert. Analysiere nun diese Kundengruppe detaillierter und identifiziere weitere charakteristische Merkmale."

Die Zeitersparnis durch KI-gestützte Mustererkennung ist beeindruckend. Ein Business Intelligence Team berichtete mir, dass sie früher zwei Wochen für eine umfassende Quartalsanalyse benötigten, die sie jetzt mit Copilot in zwei Tagen abschließen. Noch wichtiger: Die Qualität und Tiefe der Erkenntnisse hat sich deutlich verbessert, was zu besseren strategischen Entscheidungen führt.

Ein abschließender Tipp aus meiner Beratungspraxis: Dokumentieren Sie erfolgreich identifizierte Muster und die dazugehörigen Prompts in einer persönlichen Wissensdatenbank. So können Sie bewährte Analyseansätze wiederverwenden und kontinuierlich verbessern. Eine Controllingabteilung eines meiner Kunden hat eine "Prompt-Bibliothek" für verschiedene Analysetypen angelegt, die allen Teammitgliedern zur Verfügung steht.

Die Fähigkeit, mit Copilot Trends, Ausreißer und Muster in Ihren Daten aufzudecken, markiert eine neue Ära der Datenanalyse. Sie wandeln sich vom reinen Datensammler zum Insight-Generator, der wertvolle Erkenntnisse liefert und strategische Entscheidungen fundiert. Diese Transformation steigert nicht nur Ihre persönliche Produktivität, sondern auch Ihren Wertbeitrag für Ihr Unternehmen.

Im nächsten Kapitel werden wir uns damit beschäftigen, wie Sie die gewonnenen Automatisierungsfähigkeiten nachhaltig in Ihren Arbeitsalltag integrieren können, um langfristig von der Produktivitätsrevolution durch Copilot M365 zu profitieren.

5. Den Wandel verankern: Copilot-Automatisierung nachhaltig in Ihren Alltag integrieren

Die Reise durch die Automatisierungsmöglichkeiten von Copilot M365 in Excel hat uns von den grundlegenden Funktionen bis hin zu komplexen Analysetechniken geführt. Doch wie bei jeder neuen Fähigkeit liegt die wahre Kunst nicht im einmaligen Anwenden, sondern in der nachhaltigen Integration in den Arbeitsalltag. Aus meiner langjährigen Beratungserfahrung weiß ich: Die beeindruckendsten Produktivitätsgewinne entstehen erst, wenn Automatisierung zur Gewohnheit wird.

Veränderung braucht Struktur und Beharrlichkeit. Viele meiner Klienten erleben anfangs einen regelrechten Motivationsschub durch die ersten Erfolge mit Copilot. Sie automatisieren einige Aufgaben, sparen spürbar Zeit und sind begeistert. Doch ohne einen systematischen Ansatz zur Verankerung dieser neuen Arbeitsweise besteht die Gefahr, in alte Muster zurückzufallen. Ein Controlling-Leiter eines mittelständischen Unternehmens beschrieb mir sein Erlebnis so: "Nach dem Workshop habe ich drei Wochen lang alles mit Copilot gemacht. Dann kam eine stressige Projektphase, und ich bin unbewusst wieder in meine alten Excel-Routinen verfallen."

Der Schlüssel zum dauerhaften Erfolg liegt in einer bewussten, schrittweisen Integration der Copilot-Automatisierung in Ihre etablierten Arbeitsprozesse. In diesem Kapitel zeige ich Ihnen, wie Sie diesen Kulturwandel für sich persönlich und für Ihr Team gestalten können. Wir bauen auf den erlernten Techniken auf und entwickeln Strategien, um sie fest in Ihrem Arbeitsalltag zu verankern.

Die Psychologie der Gewohnheitsbildung spielt eine zentrale Rolle bei diesem Transformationsprozess. Studien zeigen, dass es durchschnittlich 66 Tage dauert, bis eine neue Verhaltensweise zur Gewohnheit wird. Ein Finanzanalyst teilte mir seinen pragmatischen Ansatz mit: "Ich habe auf meinem Schreibtisch einen kleinen Zettel mit der Frage 'Könnte Copilot das für mich tun?' platziert. Diese einfache Erinnerung half mir, die KI-Unterstützung systematisch in meinen Alltag zu integrieren."

Persönliche Erfolgsmomente wirken als starke Motivatoren. Wenn Sie beispielsweise merken, dass eine früher zweistündige Aufgabe dank Copilot nur noch 15 Minuten dauert, entsteht ein positiver Verstärkungskreislauf. Eine Teamleiterin aus dem Marketing beschrieb ihre Erfahrung: "Der Moment, als ich realisierte, dass ich jetzt an einem Vormittag mehr schaffe als früher in einer ganzen Woche, war transformativ für meine Arbeitsweise."

Für die nachhaltige Integration von Copilot in Ihren Arbeitsalltag empfehle ich einen strukturierten Ansatz in drei Phasen:

1. **Identifikation und Priorisierung**

    - Systematische Erfassung aller wiederkehrenden Excel-Aufgaben
    - Bewertung nach Häufigkeit, Zeitaufwand und Automatisierungspotenzial
    - Erstellung einer persönlichen Automatisierungs-Roadmap

2. **Implementierung und Routine-Entwicklung**

    - Schrittweise Automatisierung, beginnend mit den höchstpriorisierten Aufgaben
    - Etablierung fester Check-in-Punkte für die Nutzung von Copilot

- Dokumentation erfolgreicher Prompts und Automatisierungsansätze

3. Expansion und Optimierung

- Kontinuierliche Erweiterung des Automatisierungsbereichs
- Regelmäßige Überprüfung und Verfeinerung bestehender Automatisierungen
- Teilen von Best Practices mit Kollegen und Lernen von anderen

Die menschliche Tendenz zur Gewohnheitsbildung kann sowohl Hindernis als auch Katalysator sein. Ein Vertriebsmitarbeiter berichtete mir von seiner Herausforderung: "Selbst wenn ich wusste, dass Copilot mir Zeit sparen würde, griff ich aus reiner Gewohnheit zu meinen alten manuellen Methoden." Um dieses Muster zu durchbrechen, empfehle ich die bewusste Schaffung von Auslösern, die Sie an die Nutzung von Copilot erinnern, wie etwa Kalendereinträge oder visuelle Hinweise am Arbeitsplatz.

Die Skalierung Ihrer persönlichen Automatisierungserfolge auf Teamebene stellt den nächsten logischen Schritt dar. Meine Erfahrung zeigt, dass Produktivitätsgewinne exponentiell wachsen, wenn ganze Teams eine Kultur der intelligenten Automatisierung etablieren. Ein Abteilungsleiter eines Handelsunternehmens schilderte mir: "Als wir begannen, unsere Copilot-Erfahrungen in wöchentlichen Team-Huddles auszutauschen, verbreiteten sich die besten Praktiken wie ein Lauffeuer durch die Organisation."

Die Einführung eines strukturierten Wissensaustauschs kann diesen Prozess erheblich beschleunigen. Erfolgreiche Teams, die ich begleitet habe, haben verschiedene Formate etabliert:

- Kurze "Automatisierungs-Tipps des Tages" in Team-Meetings
- Interne Wikis oder SharePoint-Seiten mit dokumentierten Copilot-Anwendungsfällen

- Monatliche Erfolgsgeschichten, die besonders gelungene Automatisierungen würdigen
- Regelmäßige Mini-Workshops, in denen Teammitglieder ihr Wissen teilen

Die Rolle von Führungskräften im Transformationsprozess kann nicht überschätzt werden. Als Vorbild und Enabler prägen sie maßgeblich die Offenheit für neue Arbeitsweisen. Eine Geschäftsführerin teilte ihre Strategie: "Ich beginne jedes Quartalsgespräch mit der Frage 'Welche repetitive Aufgabe konnten Sie in den letzten drei Monaten durch Automatisierung eliminieren?' Das sendet ein klares Signal bezüglich unserer Prioritäten."

Die Kombination aus individueller Gewohnheitsbildung und kulturellem Wandel schafft eine nachhaltige Basis für kontinuierliche Produktivitätssteigerungen. Ein Controller beschrieb mir seine Erfahrung: "Nach sechs Monaten konsequenter Copilot-Nutzung kann ich mir nicht mehr vorstellen, wie wir früher gearbeitet haben. Die freigewordene Zeit investieren wir jetzt in strategische Analysen, die vorher undenkbar waren."

Die psychologischen Barrieren bei der Adoption neuer Technologien sollten nicht unterschätzt werden. Menschliche Bedenken wie Angst vor Kontrollverlust oder Sorge um die eigene Relevanz können unbewusst die Nutzung von KI-Tools wie Copilot bremsen. Eine offene Diskussion dieser Ängste im Team fördert eine gesunde Einstellung zur Automatisierung als Werkzeug zur Bereicherung der Arbeit, nicht zu deren Ersatz.

Die Schaffung von Erfolgsmesswerten unterstützt die Motivation und macht Fortschritte sichtbar. Ich empfehle meinen Klienten, einfache Metriken zu etablieren wie:

- Eingesparte Zeit pro Woche durch Automatisierung
- Anzahl automatisierter Prozesse
- Reduzierung von Fehlerraten in Standardberichten

- Freigesetzte Kapazitäten für hochwertige Analysearbeit

Im weiteren Verlauf dieses Kapitels werden wir zunächst die Optimierung Ihres persönlichen Workflows mit Copilot betrachten. Sie lernen, wie Sie eigene Automatisierungs-Routinen für wiederkehrende Aufgaben entwickeln und Best Practices für kontinuierliche Zeitersparnis anwenden können. Anschließend widmen wir uns der Skalierung Ihrer Erfolge im Team und der Schaffung einer Kultur, in der intelligente Automatisierung selbstverständlich wird.

Der Weg zu einer nachhaltig höheren Produktivität durch Copilot ist keine einmalige Umstellung, sondern eine kontinuierliche Reise. Ein Geschäftsführer fasste es treffend zusammen: "Die größte Veränderung war nicht technologischer, sondern mentaler Natur. Wir fragen jetzt bei jeder repetitiven Aufgabe: Muss ein Mensch das wirklich tun, oder könnte Copilot uns dabei unterstützen?"

Lassen Sie uns gemeinsam entdecken, wie Sie den Wandel in Ihrer täglichen Arbeit verankern und Copilot zu Ihrem unverzichtbaren Partner bei der Excel-Nutzung machen können.

5.1 Den persönlichen Workflow optimieren: Copilot als festen Bestandteil etablieren

5.1.1 Eigene Automatisierungs-Routinen für wiederkehrende Aufgaben entwickeln

Die wahre Magie der Produktivitätssteigerung entfaltet sich erst, wenn Sie über einzelne Automatisierungen hinaus systematisch denken. Während meiner Beratungstätigkeit beobachte ich oft, dass Klienten zunächst begeistert einige Aufgaben mit Copilot automatisieren, dann aber ins Stocken geraten. Erfolgreiche Anwender hingegen entwickeln persönliche Automatisierungsroutinen, die ihren individuellen Arbeitsalltag revolutionieren.

Eine Controllingmitarbeiterin eines mittelständischen Unternehmens drückte es so aus: "Früher nutzte ich Copilot spontan, wenn mir eine Aufgabe besonders lästig erschien. Heute habe ich einen strukturierten Plan, welche wiederkehrenden Aufgaben ich wann und wie automatisiere. Das hat meine Produktivität verdreifacht." Diese systematische Herangehensweise macht den entscheidenden Unterschied.

Routinen schaffen Struktur und Verlässlichkeit in Ihrem Arbeitsalltag. Im Kontext der Excel-Automatisierung bedeutet dies, regelmäßig wiederkehrende Aufgaben zu identifizieren und dafür standardisierte Automatisierungsabläufe zu entwickeln. Eine solche Routine könnte beispielsweise der wöchentliche Vertriebsbericht sein, den Sie früher manuell erstellt haben und nun mit einem standardisierten Copilot-Prompt in Minuten generieren.

Der erste Schritt zur Entwicklung eigener Automatisierungsroutinen ist eine gründliche Bestandsaufnahme

Ihrer wiederkehrenden Excel-Aufgaben. Ich empfehle Ihnen diese strukturierte Vorgehensweise:

1. **Inventur der Routineaufgaben erstellen**

   - Dokumentieren Sie jede regelmäßig wiederkehrende Excel-Aufgabe über einen Zeitraum von zwei Wochen
   - Erfassen Sie Häufigkeit, Dauer und Komplexität jeder Aufgabe
   - Notieren Sie, welche Aufgaben Sie als besonders lästig oder fehleranfällig empfinden

2. **Automatisierungspotenzial bewerten**

   - Priorisieren Sie Aufgaben nach Zeitaufwand und Wiederholungsfrequenz
   - Berücksichtigen Sie die Komplexität der Automatisierung (manche einfache Aufgaben lassen sich leichter automatisieren als komplexe)
   - Identifizieren Sie Aufgaben mit hohem Fehlerrisiko bei manueller Durchführung

3. **Clustering ähnlicher Aufgaben**

   - Gruppieren Sie thematisch verwandte Aufgaben (z.B. Datenbereinigung, Berichtserstellung, Formatierung)
   - Erkennen Sie wiederkehrende Muster, die sich für standardisierte Prompts eignen
   - Identifizieren Sie Aufgabensequenzen, die als Einheit automatisiert werden können

Ein Vertriebsleiter aus dem Maschinenbau berichtete mir von seiner Erkenntnis: "Nach dieser Bestandsaufnahme wurde mir klar, dass ich 40% meiner Excel-Zeit mit ähnlichen Berichtsformatierungen verbrachte. Ich habe einen Standard-Prompt entwickelt und spare nun wöchentlich fast drei Stunden."

Die eigentliche Entwicklung Ihrer persönlichen Automatisierungsroutinen folgt dann einem vierstufigen Prozess:

1. **Prototyp entwickeln**

   - Entwerfen Sie einen ersten Automatisierungsansatz für eine hochpriorisierte Aufgabe
   - Experimentieren Sie mit verschiedenen Prompt-Formulierungen
   - Testen Sie den Ansatz mit einem realen Datensatz

2. **Optimieren und standardisieren**

   - Verfeinern Sie Ihren Prompt basierend auf den Testergebnissen
   - Entwickeln Sie eine Vorlage oder Dokumentation für die standardisierte Anwendung
   - Definieren Sie klare Erfolgskriterien für die Automatisierung

3. **Integration in den Workflow**

   - Bestimmen Sie den idealen Zeitpunkt im Arbeitsprozess für die Automatisierung
   - Schaffen Sie Auslöser oder Erinnerungen für die Nutzung der Routine
   - Verknüpfen Sie die neue Routine mit vor- und nachgelagerten Arbeitsschritten

4. **Kontinuierliche Verbesserung**

   - Sammeln Sie Erfahrungen mit der Automatisierungsroutine
   - Identifizieren Sie Optimierungspotenzial
   - Passen Sie die Routine regelmäßig an veränderte Anforderungen an

Die systematische Dokumentation Ihrer entwickelten Automatisierungsroutinen ist ein oft übersehener, aber entscheidender Erfolgsfaktor. Ein Finanzanalyst schilderte mir seinen Ansatz: "Ich habe eine persönliche Bibliothek mit bewährten Copilot-Prompts für meine Top-20-Aufgaben angelegt. Diese greife ich täglich mehrfach an und spare mir das Neuformulieren."

Für Ihre eigene Prompt-Bibliothek empfehle ich folgende Struktur:

- **Präzise Aufgabenbeschreibung:** Was genau soll automatisiert werden?
- **Erfolgreicher Prompt:** Der exakte Wortlaut, der zu guten Ergebnissen führt
- **Anwendungskontext:** Wann und in welchem Zusammenhang wird die Routine eingesetzt?
- **Besonderheiten:** Grenzen, mögliche Fehlerquellen oder spezielle Anpassungen

Die zeitliche Komponente Ihrer Automatisierungsroutinen verdient besondere Aufmerksamkeit. Eine Teamleiterin aus dem Marketing entwickelte einen brillanten Ansatz: "Ich habe meine Excel-Woche strukturiert und feste Zeitfenster für bestimmte Automatisierungen definiert. Montagmorgen lasse ich Copilot die Wochendaten aufbereiten, dienstagmittags erstelle ich Zwischenberichte, freitagnachmittags die Wochenzusammenfassung. Diese Regelmäßigkeit hat die Automatisierung zur Gewohnheit gemacht."

Besonders effektiv sind Automatisierungsroutinen, die mehrere zusammenhängende Aufgaben abdecken. Ein Controller beschrieb mir seine "Monatsabschluss-Routine": "Ich habe einen mehrstufigen Automatisierungsprozess entwickelt: Zuerst lasse ich Copilot die Daten aus verschiedenen Quellen konsolidieren, dann die Qualitätsprüfung durchführen, anschließend die Kennzahlen berechnen und schließlich den Bericht formatieren. Der gesamte Prozess, der früher einen Tag dauerte, läuft jetzt in etwa zwei Stunden ab, wobei ich nur an bestimmten Checkpoints eingreifen muss."

Die Kraft der Gewohnheit darf bei der Etablierung Ihrer Automatisierungsroutinen nicht unterschätzt werden. Untersuchungen zur Verhaltenspsychologie zeigen, dass neue Gewohnheiten am besten durch klare Auslöser verankert werden. Ein Projektmanager teilte seine Strategie: "Ich habe mir Erinnerungen im Kalender gesetzt, die mich zur Nutzung bestimmter Copilot-Automatisierungen auffordern. Nach einigen Wochen war dies so verinnerlicht, dass ich die Erinnerungen nicht mehr brauchte."

Drei bewährte Trigger-Strategien haben sich in meiner Beratungspraxis als besonders effektiv erwiesen:

1. **Physische Erinnerungen**

   - Platzieren Sie visuelle Hinweise an Ihrem Arbeitsplatz
   - Nutzen Sie Post-its mit kurzen Prompts für häufige Aufgaben
   - Erstellen Sie eine Kurzreferenz der Top-5-Automatisierungen auf Ihrem Schreibtisch

2. **Digitale Integration**

   - Richten Sie Kalendereinträge für regelmäßige Automatisierungen ein
   - Nutzen Sie Erinnerungen in Ihrer Aufgabenverwaltung
   - Integrieren Sie Automatisierungshinweise in Ihre Projektpläne

3. **Kontextuelle Verknüpfung**

   - Verbinden Sie Automatisierungsroutinen mit bestimmten Ereignissen im Arbeitsalltag
   - Etablieren Sie "Wenn-Dann"-Regeln (z.B. "Wenn ich die Vertriebszahlen erhalte, dann nutze ich Copilot für die Auswertung")

- Schaffen Sie Routinen im Team, die Automatisierung zum Standardvorgehen machen

Die Messung des Erfolgs Ihrer Automatisierungsroutinen liefert wichtige Motivation und Verbesserungshinweise. Eine Finanzanalystin berichtete: "Ich habe eine einfache Tabelle angelegt, in der ich die Zeit für bestimmte Aufgaben vor und nach der Automatisierung dokumentiere. Die visuelle Darstellung meiner Zeitersparnis motiviert mich enorm, weitere Routinen zu entwickeln."

Geeignete Metriken für Ihre persönlichen Automatisierungsroutinen könnten sein:

- Eingesparte Zeit pro Woche
- Reduzierte Fehlerquote bei standardisierten Berichten
- Anzahl automatisierter Prozessschritte
- Freigesetzte Kapazität für wertschöpfende Tätigkeiten

Die systematische Entwicklung von Automatisierungsroutinen ist nicht nur eine technische, sondern auch eine psychologische Reise. Sie wandeln sich vom reaktiven Excel-Nutzer zum proaktiven Workflow-Designer. Diese Transformation eröffnet völlig neue Perspektiven auf Ihre Arbeit und schafft Raum für kreative und strategische Aufgaben, die wirklich Ihrer Expertise bedürfen.

Im nächsten Abschnitt werden wir uns mit Best Practices befassen, die Ihnen helfen, diese neu gewonnene Freiheit optimal zu nutzen und kontinuierliche Zeitersparnis durch Copilot zu erzielen.

5.1.2 BEST PRACTICES FÜR KONTINUIERLICHE ZEITERSPARNIS UND EFFIZIENZ ANWENDEN

Nachhaltiger Erfolg mit Copilot in Excel entsteht durch konsequente Anwendung bewährter Praktiken. Während meiner Beratungstätigkeit habe ich beobachtet, dass die erfolgreichsten

Anwender nicht nur einzelne Automatisierungen beherrschen, sondern systematische Herangehensweisen entwickeln, die ihnen kontinuierliche Zeitersparnis und Effizienzsteigerungen garantieren. Diese Best Practices fungieren als Verstärker, die Ihre Produktivitätsgewinne exponentiell steigern können.

Ein strukturiertes Vorgehen bildet das Fundament für nachhaltige Effizienz. Eine Teamleiterin im Vertrieb beschrieb mir ihren Durchbruch: "Mein wirklicher Produktivitätssprung kam nicht durch das Erlernen weiterer Automatisierungstechniken, sondern durch die systematische Integration von Copilot in alle meine Excel-Prozesse. Ich entwickelte klare Kriterien, wann ich Copilot einsetze und wie ich Erfolge dokumentiere."

Die Kunst der systematischen Produktivitätssteigerung liegt in der konsequenten Anwendung bewährter Methoden. Aus meiner Praxiserfahrung haben sich folgende Best Practices als besonders wertvoll erwiesen:

1. **Dokumentation erfolgreicher Prompts**

   - Legen Sie eine persönliche Prompt-Bibliothek an, idealerweise direkt in Excel
   - Kategorisieren Sie Ihre Prompts nach Anwendungsbereichen (Formatierung, Datenanalyse, Berichterstellung)
   - Notieren Sie Kontext und spezifische Anpassungen für verschiedene Szenarien

2. **Regelmäßige Reflexionszeiten**

   - Blockieren Sie wöchentlich 15-30 Minuten im Kalender für Ihre "Automatisierungs-Reflexion"
   - Überprüfen Sie, welche manuellen Aufgaben Sie noch ausführen und automatisieren könnten
   - Bewerten Sie bestehende Automatisierungen auf Optimierungspotenzial

3. **Proaktives Lernen**

- Experimentieren Sie regelmäßig mit neuen Prompt-Formulierungen für bekannte Aufgaben
- Testen Sie Copilot bei komplexeren Aufgaben, die Sie bisher nicht delegiert haben
- Halten Sie sich über neue Copilot-Funktionen auf dem Laufenden

4. Iterative Verbesserung

- Verfeinern Sie Ihre Prompts basierend auf den erzielten Ergebnissen
- Sammeln Sie Feedback, wenn andere Ihre Automatisierungen nutzen
- Entwickeln Sie eine "Versionsgeschichte" für Ihre wichtigsten Automatisierungen

Ein Controller eines Industrieunternehmens teilte mir seinen pragmatischen Ansatz mit: "Ich habe meine Excel-Aufgaben in drei Kategorien eingeteilt: vollständig automatisiert, teilweise automatisiert und noch manuell. Mein Ziel ist es, jede Woche mindestens eine Aufgabe in die nächsthöhere Kategorie zu befördern."

Die Kombination verschiedener Automatisierungstechniken eröffnet völlig neue Effizienzpotenziale. Statt einzelne isolierte Aufgaben zu automatisieren, suchen Sie nach Möglichkeiten, verschiedene Copilot-Features zu verketten. Eine Finanzanalystin beschrieb ihre Erfahrung: "Ich habe einen mehrstufigen Prozess entwickelt: Erst lasse ich Copilot die Daten konsolidieren, dann eine Pivottabelle erstellen, anschließend Visualisierungen generieren und schließlich einen Analyse-Text verfassen. Diese Verkettung spart mir wöchentlich über vier Stunden."

Für diese integrierten Automatisierungsketten empfehle ich folgendes Vorgehen:

1. Prozessanalyse durchführen

- Zerlegen Sie komplexe Arbeitsabläufe in einzelne Schritte
- Identifizieren Sie Abhängigkeiten und Schnittstellen zwischen den Schritten
- Markieren Sie Punkte, an denen menschliche Entscheidungen notwendig sind

2. **Automatisierungskette konzipieren**

- Definieren Sie klare Übergabepunkte zwischen verschiedenen Automatisierungen
- Planen Sie Checkpoints für Qualitätssicherung ein
- Entwickeln Sie Notfallpläne für potenzielle Fehlerquellen

3. **Schrittweise implementieren**

- Beginnen Sie mit der Automatisierung einzelner Komponenten
- Testen Sie jede Komponente gründlich, bevor Sie sie verketten
- Erweitern Sie die Kette systematisch, bis der gesamte Prozess abgedeckt ist

Die Einbettung von Copilot-Automatisierungen in Ihren natürlichen Arbeitsrhythmus ist entscheidend für nachhaltigen Erfolg. Ein Projektmanager berichtete mir: "Ich habe erkannt, dass ich bestimmte Excel-Aufgaben zu spezifischen Zeitpunkten erledige, meist montags und freitags. Also habe ich feste Copilot-Routinen in diesen Zeitfenstern etabliert, wodurch die Automatisierung zu einem selbstverständlichen Teil meines Arbeitsrhythmus wurde."

Psychologische Anker können Ihnen helfen, neue Gewohnheiten zu festigen. Hier einige bewährte Trigger-Mechanismen:

- **Visuelle Anker:** Platzieren Sie sichtbare Erinnerungen an typische Automatisierungskandidaten an Ihrem Arbeitsplatz

- **Zeitliche Anker:** Verbinden Sie bestimmte Automatisierungen mit regelmäßigen Ereignissen (z.B. Teammeeting, Wochenstart)
- **Prozessgebundene Anker:** Definieren Sie klare "Wenn-Dann"-Regeln (z.B. "Wenn ich einen Bericht erhalte, dann nutze ich Copilot für die Analyse")

Die Balance zwischen Automatisierung und menschlicher Kontrolle verdient besondere Aufmerksamkeit. Eine Controlling-Leiterin formulierte es so: "Der größte Fehler wäre, Copilot blind zu vertrauen. Ich habe klare Kontrollpunkte definiert, an denen ich die Ergebnisse prüfe, bevor ich sie weiterverwende. Diese Qualitätssicherung ist entscheidend für den nachhaltigen Erfolg."

Bewährte Qualitätssicherungsmaßnahmen umfassen:

1. **Stichprobenprüfungen**

   - Überprüfen Sie regelmäßig Teilmengen automatisierter Ergebnisse
   - Variieren Sie die Prüfbereiche, um Verzerrungen zu vermeiden
   - Dokumentieren Sie gefundene Abweichungen zur späteren Optimierung

2. **Vor-Ort-Validierung**

   - Testen Sie komplexe Automatisierungen mit bekannten Testdaten
   - Vergleichen Sie die Ergebnisse mit manuell erstellten Referenzwerten
   - Identifizieren Sie Muster bei eventuellen Abweichungen

3. **Feedback-Schleifen**

   - Bitten Sie Kollegen um kritisches Feedback zu automatisierten Ergebnissen
   - Sammeln Sie Verbesserungsvorschläge systematisch

- Integrieren Sie wertvolle Hinweise in Ihre Automatisierungsroutinen

Die regelmäßige Messung Ihrer Effizienzgewinne bietet nicht nur Motivation, sondern auch wertvolle Erkenntnisse für weitere Optimierungen. Ein Business Analyst teilte seine Methode: "Ich führe ein einfaches Tracking-Sheet, in dem ich wöchentlich dokumentiere, wie viel Zeit ich durch verschiedene Automatisierungen einspare. Diese Zahlen motivieren mich ungemein und helfen mir, Prioritäten für künftige Optimierungen zu setzen."

Wirkungsvolle Kennzahlen für Ihre persönliche Produktivitätsmessung könnten sein:

- **Zeitgewinn pro Woche:** Summe aller eingesparten Minuten durch Automatisierung
- **Automatisierungsgrad:** Prozentualer Anteil automatisierter Prozessschritte
- **Qualitätsverbesserung:** Reduzierung von Fehlern oder Korrekturen
- **Komplexitätsbewältigung:** Zunahme der bearbeiteten Datenmenge ohne Mehraufwand

Die gezielte Nutzung der gewonnenen Zeit stellt einen entscheidenden Erfolgsfaktor dar. Eine Teamleiterin aus dem Marketing formulierte es prägnant: "Die wahre Kunst liegt nicht im Automatisieren selbst, sondern darin, die gewonnene Zeit sinnvoll zu investieren. Ich habe klare Prioritäten für meine 'geschenkte Zeit' definiert und nutze sie für strategische Aufgaben, die früher immer zu kurz kamen."

Ein strukturierter Ansatz zur Nutzung Ihrer Zeitgewinne könnte so aussehen:

1. **Strategische Investition**

- Definieren Sie vorab, wofür Sie die gewonnene Zeit nutzen möchten
- Priorisieren Sie Aktivitäten mit hohem Wertschöpfungspotenzial
- Blockieren Sie Zeitfenster für diese Prioritäten in Ihrem Kalender

2. **Kompetenzaufbau**

- Investieren Sie einen Teil der gewonnenen Zeit in Weiterbildung
- Experimentieren Sie mit neuen Analysemethoden oder Visualisierungstechniken
- Verbessern Sie Ihre Prompt-Engineering-Fähigkeiten kontinuierlich

3. **Erholungsphasen**

- Planen Sie bewusst kurze Pausen zur mentalen Regeneration ein
- Nutzen Sie Zeitgewinne für kurze Bewegungseinheiten im Arbeitsalltag
- Schaffen Sie Pufferzonen zwischen Meetings oder intensiven Arbeitsphasen

Die kontinuierliche Verfeinerung Ihrer Automatisierungsstrategien bildet den Schlüssel zu langfristigem Erfolg. Betrachten Sie Ihre Arbeit mit Copilot als evolutionären Prozess, bei dem Sie stetig dazulernen und sich weiterentwickeln. Ein Finanzcontroller drückte es so aus: "Nach sechs Monaten intensiver Copilot-Nutzung sind meine heutigen Automatisierungen kaum mit den anfänglichen zu vergleichen. Ich habe gelernt, präzisere Prompts zu formulieren, komplexere Prozesse zu automatisieren und die Ergebnisse besser zu validieren."

Im nächsten Abschnitt werden wir erkunden, wie Sie Ihre persönlichen Automatisierungserfolge auf Teamebene skalieren können, um eine breitere Produktivitätsrevolution in Ihrem Arbeitsumfeld anzustoßen.

5.2 Die Produktivitätsrevolution skalieren: Automatisierung im Team fördern

5.2.1 Erfolgreiche Copilot-Anwendungen teilen und Kollegen inspirieren

Individuelle Produktivitätsgewinne multiplizieren sich, wenn sie im Team geteilt werden. In meiner Beratungspraxis beobachte ich immer wieder, wie der Austausch erfolgreicher Automatisierungslösungen regelrechte Innovationswellen auslöst. Eine Controlling-Leiterin beschrieb mir diesen Effekt treffend: "Als ich sah, wie mein Kollege mit Copilot einen komplexen Bericht in Minuten statt Stunden erstellte, wollte ich diese Methode sofort selbst ausprobieren. Inzwischen tauschen wir regelmäßig unsere besten Automatisierungen aus und haben die Effizienz der gesamten Abteilung gesteigert."

Der Wissenstransfer im Team bildet den Schlüssel zur Skalierung Ihrer Produktivitätsrevolution. Stellen Sie sich vor, jedes Teammitglied entwickelt zwei oder drei besonders effektive Automatisierungen und teilt diese mit den Kollegen. Bei einem Team von sechs Personen entstehen so bis zu 18 verschiedene Automatisierungslösungen, die jeder nutzen kann. Diese Multiplikation der Effizienzgewinne führt zu exponentiellen Produktivitätssteigerungen.

Mentoring-Beziehungen fördern den Wissenstransfer besonders effektiv. In einem Versicherungsunternehmen, das ich beraten habe, etablierten wir ein System, bei dem Excel-erfahrene Mitarbeiter als Copilot-Mentoren fungierten. Eine Mitarbeiterin berichtete: "Mein Mentor zeigte mir, wie ich meine wöchentlichen Analyseberichte mit Copilot automatisieren kann. Diese 30-minütige Investition spart mir nun jede Woche drei Stunden Arbeit."

Die Inspiration spielt eine zentrale Rolle bei der Verbreitung von Automatisierungslösungen. Menschen werden am stärksten durch konkrete Beispiele motiviert, die unmittelbar relevant für ihre eigene Arbeit sind. Ein Vertriebsleiter teilte mir seine Strategie mit: "Ich präsentiere in unseren Teammeetings regelmäßig eine 'Automatisierung der Woche' und zeige live, wie viel Zeit sie mir spart. Die Begeisterung ist ansteckend, und meine Kollegen beginnen sofort, ähnliche Lösungen für ihre eigenen Aufgaben zu entwickeln."

Praktische Demonstrations-Sessions haben sich als besonders wirkungsvoll erwiesen. Diese "Show, don't tell"-Methode überzeugt selbst skeptische Teammitglieder. Ein Finanzanalyst beschrieb mir sein Erlebnis: "Als unser Team einen halben Tag lang Copilot-Anwendungen demonstrierte, war ich verblüfft, wie viele manuelle Prozesse wir automatisieren konnten. Ich hatte diese Potenziale schlicht nicht gesehen, bis ich konkrete Beispiele erlebte."

Für erfolgreiche Wissensteilungen empfehle ich diese bewährten Formate:

1. **Kurze Demo-Slots in regulären Meetings**

   - Reservieren Sie 5-10 Minuten in Ihren regulären Teammeetings für eine Copilot-Demonstration
   - Zeigen Sie live, wie Sie eine typische Aufgabe automatisieren
   - Teilen Sie den genauen Prompt und erklären Sie, warum er funktioniert

2. **Dedicated Automatisierungs-Workshops**

   - Organisieren Sie halbtägige Sessions, in denen Teammitglieder ihre besten Automatisierungen vorstellen
   - Arbeiten Sie gemeinsam an neuen Lösungen für aktuelle Herausforderungen
   .

- Dokumentieren Sie alle erfolgreichen Prompts und Anwendungsfälle

3. **Peer-Learning-Tandems**

  - Bilden Sie Zweierteams, die sich regelmäßig austauschen
  - Fokussieren Sie auf komplementäre Stärken (z.B. Excel-Experte + Domänenexperte)
  - Setzen Sie konkrete Lernziele für jedes Tandem

Die Dokumentation erfolgreicher Automatisierungen stellt einen kritischen Erfolgsfaktor dar. Ein Teamleiter aus dem Controlling berichtete mir: "Wir haben ein internes Wiki aufgebaut, in dem wir unsere besten Copilot-Prompts und deren Anwendungsfälle sammeln. Diese Wissensdatenbank ist inzwischen zu einem unserer wertvollsten Ressourcen geworden."

Effektive Dokumentationsformen für Ihre Automatisierungslösungen umfassen:

- **Prompt-Bibliotheken:** Katalogisierte Sammlungen von Prompts, sortiert nach Anwendungsfall
- **Anwendungs-Showcases:** Detaillierte Beschreibungen konkreter Automatisierungsbeispiele mit Vorher-Nachher-Vergleich
- **Lösungsvorlagen:** Fertige Excel-Dateien mit vorbereiteten Automatisierungen für spezifische Aufgaben
- **Tutorial-Videos:** Kurze Screencasts, die die Anwendung von Copilot für bestimmte Aufgaben demonstrieren

Die Überwindung von Widerständen erfordert besondere Aufmerksamkeit. In nahezu jedem Team gibt es Mitglieder, die neuen Technologien skeptisch gegenüberstehen. Ein Projektmanager schilderte mir seine Erfahrung: "Unser erfahrenster Excel-Experte war zunächst sehr zurückhaltend gegenüber Copilot. Sein Umdenken begann, als ich ihm zeigte, wie

Copilot ihm bei der Erstellung komplexer Formeln helfen konnte, statt ihn zu ersetzen."

Für die Überzeugung skeptischer Teammitglieder haben sich diese Strategien bewährt:

1. **Fokus auf Ergänzung statt Ersatz**

   - Betonen Sie, dass Copilot ein Werkzeug zur Unterstützung der Expertise ist, nicht zu deren Ersatz
   - Zeigen Sie, wie Copilot repetitive Aufgaben übernimmt und so Zeit für anspruchsvollere Tätigkeiten schafft
   - Verdeutlichen Sie den Mehrwert: Die Kombination aus menschlicher Expertise und KI-Unterstützung

2. **Niedrigschwellige Einstiegspunkte identifizieren**

   - Beginnen Sie mit einfachen, aber sichtbar zeitsparenden Automatisierungen
   - Wählen Sie Aufgaben, die als besonders lästig empfunden werden
   - Schaffen Sie schnelle Erfolgserlebnisse, die motivieren

3. **Persönliche Vorteile hervorheben**

   - Zeigen Sie individuelle Zeitersparnisse auf
   - Demonstrieren Sie, wie Copilot Fehlerquellen eliminiert
   - Verdeutlichen Sie die Möglichkeit, sich auf interessantere Aufgaben zu konzentrieren

Die Schaffung einer unterstützenden Lernumgebung fördert die Verbreitung von Automatisierungskompetenz. Ein HR-Manager beschrieb mir seinen Ansatz: "Wir haben einen 'Fehlerfreundlichen Raum' geschaffen, in dem Teammitglieder mit Copilot experimentieren können, ohne Perfektion erwarten zu müssen.

Diese Kultur des gemeinsamen Lernens hat die Adoptionsrate deutlich erhöht."

Elemente einer förderlichen Lernumgebung umfassen:

- **Experimentierzeit:** Dedizierte Zeitfenster zum Erforschen neuer Automatisierungsmöglichkeiten
- **Fehlertoleranz:** Anerkennung, dass der Lernprozess Versuche und Irrtümer einschließt
- **Gegenseitige Unterstützung:** Aktives Teilen von Erfolgen und Herausforderungen
- **Anerkennung:** Würdigung besonders wertvoller Beiträge zum gemeinsamen Wissenspool

Die Skalierung von Automatisierungen über Abteilungsgrenzen hinweg bietet besonders große Potenziale. Eine Teamleiterin aus dem Marketing schilderte mir ihren Erfolg: "Nachdem wir unsere Copilot-Lösungen für Datenanalysen mit dem Vertriebsteam geteilt hatten, entdeckten wir zahlreiche Überschneidungen. Heute haben wir abteilungsübergreifende Automatisierungen, die uns einen ganzheitlichen Blick auf unsere Kunden ermöglichen."

Für den Cross-Funktionalen Wissensaustausch empfehle ich diese Ansätze:

1. **Funktionsübergreifende Copilot-Communities**

   - Etablieren Sie regelmäßige Treffen von Copilot-Enthusiasten aus verschiedenen Abteilungen
   - Identifizieren Sie Überschneidungen und Synergiepotenziale
   - Entwickeln Sie gemeinsame Lösungen für bereichsübergreifende Prozesse

2. **Zentrale Wissensdatenbank**

   - Schaffen Sie eine abteilungsübergreifend zugängliche Dokumentation

- Kategorisieren Sie Automatisierungen nach Aufgabentyp statt nach Abteilung
- Implementieren Sie ein einfaches System zur Qualitätssicherung und Aktualisierung

3. **Interne Fallstudien**

- Dokumentieren Sie besonders erfolgreiche Anwendungsfälle detailliert
- Quantifizieren Sie den Nutzen in messbaren Größen
- Teilen Sie diese Erfolgsgeschichten unternehmensweit

Die Gamification des Wissensaustauschs kann die Motivation zur Teilung von Automatisierungslösungen steigern. Ein Produktionsleiter berichtete mir: "Wir haben einen freundschaftlichen Wettbewerb initiiert, bei dem Teams für geteilte Automatisierungen und deren Adoption Punkte sammeln. Die spielerische Komponente hat die Beteiligung erheblich gesteigert."

Erfolgreiche Gamification-Elemente für den Automatisierungsaustausch sind:

- **Punkte-System:** Belohnung für geteilte Automatisierungen und deren Übernahme
- **Leaderboards:** Visualisierung von Beiträgen und Adoption im Team
- **Challenges:** Gezielte Automatisierungsaufgaben mit gemeinsamer Lösungsfindung
- **Auszeichnungen:** Anerkennung für besonders wertvolle oder kreative Automatisierungen

Die Messung der Wirksamkeit Ihres Wissensaustauschs liefert wichtige Steuerungsinformationen. Eine Business Analystin teilte mir ihren Ansatz mit: "Wir tracken nicht nur die Anzahl geteilter Automatisierungen, sondern auch deren tatsächliche Nutzung und die resultierenden Zeitersparnisse. Diese Daten helfen uns, unseren Wissensaustausch kontinuierlich zu optimieren."

Geeignete Metriken für Ihren Automatisierungs-Wissensaustausch könnten sein:

1. **Aktivitätsmetriken**

   - Anzahl geteilter Automatisierungslösungen
   - Teilnahmequote an Wissensaustausch-Formaten
   - Zugriffe auf die Automatisierungs-Datenbank

2. **Adoptionsmetriken**

   - Übernahmerate geteilter Automatisierungen
   - Verbreitungsgeschwindigkeit neuer Lösungen
   - Anzahl der Nutzer pro Automatisierungslösung

3. **Wirkungsmetriken**

   - Kumulierte Zeitersparnis durch geteilte Automatisierungen
   - Reduzierung von Fehlerraten in automatisierten Prozessen
   - Qualitative Verbesserung der Arbeitsergebnisse

Im nächsten Abschnitt werden wir uns damit beschäftigen, wie Sie über den bloßen Wissensaustausch hinausgehen und eine echte Kultur der intelligenten Automatisierung in Ihrem Arbeitsumfeld schaffen können, die selbstverstärkend wirkt und kontinuierliche Innovation fördert.

5.2.2 Eine Kultur der intelligenten Automatisierung im Arbeitsumfeld schaffen

Wahre Veränderung entsteht erst, wenn intelligente Automatisierung zur selbstverständlichen Norm wird. In meiner langjährigen Beratungspraxis beobachte ich immer wieder den gleichen Musterbruch: Einzelne Vorreiter nutzen Copilot erfolgreich, während der Rest des Teams in alten Arbeitsweisen verharrt. Die Schaffung einer echten Automatisierungskultur erfordert mehr als vereinzelte Erfolge oder oberflächliche Initiativen. Sie verlangt einen tiefgreifenden Wandel in der Arbeitsphilosophie, den Strukturen und dem täglichen Verhalten.

Der Kulturwandel beginnt mit einem klaren Verständnis der bestehenden Teamkultur. Jede Organisation hat ihre eigene DNA, ihre ungeschriebenen Regeln und Werte. Ein Teamleiter eines Logistikunternehmens beschrieb mir seine Erkenntnis: "Bevor wir Copilot erfolgreich etablieren konnten, mussten wir verstehen, warum unser Team so stark an manuellen Prozessen festhielt. Es war nicht Technologiefeindlichkeit, sondern ein tief verankertes Verantwortungsgefühl für die Daten."

Die Transformation zur Automatisierungskultur folgt typischerweise diesen Entwicklungsphasen:

1. **Bewusstsein schaffen**

   - Sensibilisierung für den Status quo und seine Nachteile
   - Aufzeigen des möglichen Potenzials durch intelligente Automatisierung
   - Ehrliche Auseinandersetzung mit Ängsten und Vorbehalten

2. **Vision entwickeln**

   - Gemeinsames Bild der zukünftigen Arbeitsweise definieren
   - Konkrete Ziele und messbare Erfolgsmetriken festlegen
   - Individuellen Nutzen für jedes Teammitglied verdeutlichen

3. **Strukturen anpassen**

   - Prozesse und Workflows für Automatisierung optimieren
   - Verantwortlichkeiten und Rollen neu definieren

- Notwendige Ressourcen und Unterstützung bereitstellen

4. **Neues Verhalten fördern**

  - Vorbilder und Erfolgsgeschichten sichtbar machen
  - Experimentieren belohnen und aus Fehlern lernen
  - Regelmäßiges Feedback und kontinuierliche Verbesserung

Die aktive Einbindung der Führungsebene spielt eine entscheidende Rolle. Ein Geschäftsführer eines mittelständischen Handelsunternehmens teilte mir seinen Ansatz mit: "Ich beginne jedes Managementmeeting mit einem kurzen Bericht über meine neueste Copilot-Entdeckung. Diese persönliche Vorbildfunktion hat mehr bewirkt als alle formalen Schulungen zusammen."

Für die erfolgreiche Etablierung einer Automatisierungskultur empfehle ich diese bewährten Strategien:

- **Gemeinsame Leitprinzipien definieren**

  - Entwickeln Sie mit Ihrem Team klare Grundsätze zur Automatisierung
  - Beispiel: "Wir automatisieren alle repetitiven Aufgaben, die mehr als einmal monatlich auftreten"
  - Schaffen Sie Klarheit, welche Aufgaben für Automatisierung priorisiert werden
- **Sichtbare Erfolge feiern**

  - Etablieren Sie ein Format zur Würdigung von Automatisierungserfolgen
  - Quantifizieren Sie eingesparte Zeit und verbesserte Qualität
  - Teilen Sie Erfolgsgeschichten auf verschiedenen Kommunikationskanälen
- **Niedrigschwellige Einstiegspunkte schaffen**

- Identifizieren Sie einfache, aber wirkungsvolle Automatisierungen
- Stellen Sie vorgefertigte Prompt-Vorlagen für häufige Aufgaben bereit
- Ermöglichen Sie schnelle Erfolgserlebnisse für alle Teammitglieder

Die Überwindung von Widerständen erfordert ein tiefes Verständnis der zugrundeliegenden Bedenken. In meiner Beratungspraxis begegnen mir typischerweise diese Barrieren:

1. **Angst vor Kontrollverlust**

   - **Symptom:** "Ich möchte die Daten lieber selbst prüfen."
   - **Lösung:** Zeigen Sie, wie Copilot als Assistent fungiert, der Kontrolle ermöglicht, nicht ersetzt
   - **Praxistipp:** Implementieren Sie Qualitätschecks, die menschliche Expertise mit KI-Effizienz kombinieren

2. **Sorge um die eigene Relevanz**

   - **Symptom:** "Wenn alles automatisiert wird, braucht man mich dann noch?"
   - **Lösung:** Verdeutlichen Sie, wie freigesetzte Zeit für höherwertige Tätigkeiten genutzt werden kann
   - **Praxistipp:** Bieten Sie Weiterbildungsmöglichkeiten für strategischere Aufgaben an

3. **Perfektionismus**

   - **Symptom:** "Die automatisierte Lösung ist nicht zu 100% perfekt."
   - **Lösung:** Betonen Sie das Konzept des "guten Genug" und den ROI der Zeitersparnis

- **Praxistipp:** Quantifizieren Sie die Kosten-Nutzen-Relation von manueller vs. automatisierter Arbeit

Eine Controlling-Leiterin schilderte mir ihre Erfahrung: "Mein Team befürchtete zunächst, durch Copilot überflüssig zu werden. Als wir dann gemeinsam definierten, wie die freigesetzte Zeit für strategische Analysen genutzt werden kann, wandelte sich die Skepsis in Begeisterung."

Die Schaffung spezieller Rollen und Verantwortlichkeiten katalysiert den Kulturwandel. Bewährte Modelle umfassen:

- **Automatisierungs-Champions**

  - Identifizieren Sie technikaffine Teammitglieder als Multiplikatoren
  - Geben Sie ihnen Zeit und Ressourcen für Experimente
  - Lassen Sie sie als erste Anlaufstelle für Fragen fungieren
- **Prompt-Engineering-Spezialisten**

  - Fördern Sie die Entwicklung von Expertise in der Formulierung effektiver Prompts
  - Lassen Sie diese Spezialisten komplexere Automatisierungen entwickeln
  - Nutzen Sie ihr Wissen für interne Schulungen
- **Qualitätssicherungs-Experten**

  - Etablieren Sie Rollen zur Validierung automatisierter Ergebnisse
  - Entwickeln Sie standardisierte Prüfprozesse
  - Fördern Sie kontinuierliches Lernen aus Fehlermustern

Die Verankerung in bestehenden Strukturen erleichtert die Adoption. Ein Projektleiter berichtete mir: "Wir haben

Copilot-Automatisierung in unsere bestehenden Prozessdokumentationen integriert. So wurde die neue Technologie zum natürlichen Teil unserer Arbeitsabläufe, nicht zu einer zusätzlichen Anforderung."

Praktische Ansätze zur strukturellen Integration umfassen:

1. **Prozessintegration**

   - Aktualisieren Sie Prozessbeschreibungen mit Copilot-Automatisierungsschritten
   - Definieren Sie klare Übergabepunkte zwischen manuellen und automatisierten Tätigkeiten
   - Passen Sie Qualitätssicherungsmaßnahmen an die neue Arbeitsweise an

2. **Kontinuierliches Lernen**

   - Etablieren Sie regelmäßige Formate zum Wissensaustausch
   - Fördern Sie eine experimentierfreudige Lernkultur
   - Dokumentieren Sie Erkenntnisse und Best Practices systematisch

3. **Evolutionäre Anpassung**

   - Planen Sie regelmäßige Überprüfungen der Automatisierungsstrategie
   - Passen Sie Ziele und Methoden an neue Erkenntnisse an
   - Bleiben Sie flexibel und offen für neue Entwicklungen

Die Messung des Erfolgs durch klare Kennzahlen schafft Transparenz und motiviert zum Weitermachen. Eine HR-Leiterin teilte mir ihre Erfahrung mit: "Wir haben ein Dashboard entwickelt, das die kumulierte Zeitersparnis durch Automatisierung visualisiert. Als die Marke von 500 Stunden pro Quartal überschritten wurde, war das ein echter Motivationsschub für alle Beteiligten."

Effektive Messinstrumente für Ihre Automatisierungskultur könnten umfassen:

- **Quantitative Metriken**

  - Anzahl automatisierter Prozesse pro Abteilung
  - Kumulierte Zeitersparnis durch Automatisierung
  - Reduzierung von Fehlerraten in Standardprozessen
- **Qualitative Indikatoren**

  - Mitarbeiterzufriedenheit mit neuen Arbeitsweisen
  - Selbsteinschätzung der Kompetenz im Umgang mit Copilot
  - Stolz auf innovative Lösungen und Verbesserungen

Der psychologische Aspekt einer erfolgreichen Automatisierungskultur wird oft unterschätzt. Eine Teamleiterin aus dem Marketing beschrieb mir ihre Beobachtung: "Die größte Veränderung war nicht technologischer Natur, sondern die neue Denkweise. Mein Team fragt jetzt bei jeder Aufgabe: Ist das etwas, was ein Mensch tun sollte, oder könnte Copilot das übernehmen?"

Die langfristige Verankerung der Automatisierungskultur erfordert die Etablierung nachhaltiger Rituale und Gewohnheiten:

1. **Regelmäßige Impulse**

   - Schaffen Sie kurze, regelmäßige Formate wie "Automatisierungs-Tipps der Woche"
   - Laden Sie externe Experten für Inspirationsvorträge ein
   - Organisieren Sie Ideenwettbewerbe für innovative Automatisierungen
2. **Onboarding neuer Teammitglieder**

   - Integrieren Sie Copilot-Schulungen in den Einarbeitungsprozess

- Stellen Sie Mentoren für die ersten Automatisierungsschritte bereit
- Teilen Sie die Erfolgsgeschichten und die Philosophie Ihres Teams

3. **Evolution statt Revolution**

- Verstehen Sie Kulturwandel als kontinuierlichen Prozess
- Planen Sie langfristig mit kleinen, konsequenten Schritten
- Feiern Sie Meilensteine auf dem Weg zur vollständigen Integration

Die Schaffung einer Kultur der intelligenten Automatisierung ist keine Einmalaufgabe, sondern eine kontinuierliche Reise. Der wichtigste Erfolgsfaktor ist die Balance zwischen technologischer Innovation und menschlicher Kompetenz. Copilot wird niemals menschliche Expertise ersetzen, sondern sie auf ein neues Niveau heben, indem es repetitive Aufgaben übernimmt und Raum für kreatives und strategisches Denken schafft.

Ein Geschäftsführer fasste seine Erfahrung treffend zusammen: "Dank der Automatisierungskultur, die wir mit Copilot etabliert haben, arbeitet mein Team heute nicht nur effizienter, sondern auch erfüllter. Die Technologie hat uns nicht ersetzt, sondern befreit."

SCHLUSSFOLGERUNG

Eine Reise durch unbekanntes Terrain beginnt oft mit Unsicherheit und mündet in Entdeckerfreude. Als ich vor Jahren zum ersten Mal das Potenzial intelligenter Automatisierung in Excel erkannte, durchlief ich genau diese Transformation. Was als technische Neugier begann, entwickelte sich zu einer grundlegenden Veränderung meiner Arbeitsweise und beruflichen Identität. Diese Metamorphose von der Excel-Nutzerin zur Effizienz-Architektin spiegelt den Weg wider, den auch Sie mit diesem Buch beschritten haben.

Stellen wir uns den Weg der Automatisierung als eine Brücke vor, die zwei unterschiedliche Ufer verbindet. Auf der einen Seite steht die traditionelle Arbeitswelt mit ihren zeitraubenden manuellen Prozessen, endlosen Klicksequenzen und dem ständigen Gefühl, wichtigeren Aufgaben nicht genügend Zeit widmen zu können. Auf der anderen Seite eröffnet sich eine Landschaft kreativer Möglichkeiten, in der wir von repetitiven Aufgaben befreit sind und unsere wertvolle menschliche Intelligenz für das einsetzen, was wirklich zählt: Analyse, Strategie und Innovation.

Die Errichtung dieser Brücke begann mit dem Fundament, das wir in den ersten Kapiteln gelegt haben. Ohne solides Verständnis der Copilot-Funktionsweise und der Kunst des effektiven Prompt-Engineerings wäre jeder Automatisierungsversuch auf wackeligem Grund gebaut. Sie haben dieses Fundament nun geschaffen, indem Sie die grundlegenden Konzepte verinnerlicht haben. Das Überqueren der Brücke setzte sich fort mit konkreten Automatisierungstechniken für Ihre alltäglichen Excel-Aufgaben, von einfachen Formatierungen bis hin zu komplexen Datenanalysen.

Die Reise durch dieses Buch spiegelt einen größeren Wandel wider, der in unserer Arbeitswelt stattfindet. Nicht mehr die technische Ausführung steht im Mittelpunkt, sondern die strategische Intention dahinter. Die Frage lautet nicht länger: "Wie führe ich diese Excel-Aufgabe aus?", sondern "Welches Ergebnis möchte ich erreichen, und wie kann Copilot mir dabei helfen?"

Die Metapher der Brücke trägt noch einen weiteren wichtigen Aspekt: Sie verbindet nicht nur zwei Arbeitsweisen, sondern auch zwei Zeitepochen. Wir bewegen uns von einer Ära, in der wir uns an die Grenzen von Technologie anpassen mussten, hin zu einer Zeit, in der Technologie sich an unsere menschlichen Bedürfnisse anpasst. Dieser Paradigmenwechsel markiert einen entscheidenden Moment in der Evolution unserer Arbeitsweise.

Meine Arbeit mit zahlreichen Teams hat mir gezeigt, dass der größte Gewinn aus der Excel-Automatisierung nicht in der reinen Zeitersparnis liegt, sondern in der mentalen Freiheit, die sie schafft. Wenn wir die ständige kognitive Last repetitiver Aufgaben abwerfen, öffnen wir Raum für tieferes Denken, kreativere Lösungen und größere Arbeitszufriedenheit.

Der Brückenschlag zur Automatisierung bringt konkrete Vorteile mit sich, die weit über das offensichtliche Zeitsparen hinausgehen:

1. **Kognitive Entlastung**

   - Befreiung vom mentalen Ballast der Detailarbeit
   - Reduzierte Erschöpfung durch monotone Aufgaben
   - Mehr geistige Kapazität für strategisches Denken

2. **Qualitätsverbesserung**

   - Drastische Reduzierung menschlicher Fehler
   - Konsistente Ergebnisse über verschiedene Berichte hinweg
   - Höhere Datenqualität als Basis für bessere Entscheidungen

3. **Arbeitskultur-Transformation**

- Wertschätzung der menschlichen Kreativität und Urteilsfähigkeit
- Fokus auf Mehrwertschaffung statt mechanisches Abarbeiten
- Neue Identität als Effizienz-Architekt statt Datenarbeiter

Die entscheidende Erkenntnis lautet: Mit Copilot automatisieren wir nicht nur Prozesse, sondern gestalten auch aktiv unsere berufliche Identität neu. Wir werden von Ausführenden zu Dirigenten unserer digitalen Werkzeuge.

Der Weg über die Automatisierungsbrücke ist kein linearer Prozess, sondern eine iterative Reise mit kontinuierlichem Lernen. Jede erfolgreich automatisierte Aufgabe eröffnet neue Perspektiven auf weitere Möglichkeiten. Diese Dynamik schafft eine positive Aufwärtsspirale, in der jeder Effizienzgewinn den nächsten vorbereitet.

Mein eigener Weg mit Copilot hat mich gelehrt, dass die wertvollsten Automatisierungen oft dort entstehen, wo wir nicht nur bestehende Prozesse digitalisieren, sondern sie grundlegend überdenken. Die transformative Kraft liegt nicht im bloßen "schneller Machen", sondern im "anders Denken". Fragen Sie sich regelmäßig: "Muss dieser Prozess überhaupt in seiner jetzigen Form existieren, oder könnte eine intelligente Neugestaltung mit Copilot ihn revolutionieren?"

Die Integration von Copilot in unseren Alltag erfordert eine neue Denkweise, die ich als "Automatisierungs-Mindset" bezeichne. Dieses Mindset zeichnet sich durch folgende Eigenschaften aus:

- **Prozessorientiertes Denken:** Erfassen Sie Abläufe als Gesamtsystem statt als isolierte Aufgaben
- **Mustererkennungs-Fokus:** Identifizieren Sie wiederkehrende Elemente als Automatisierungskandidaten

- **Experimentierfreude:** Testen Sie neue Ansätze ohne Angst vor anfänglichem Scheitern
- **Kontinuierliche Optimierung:** Betrachten Sie erste Erfolge als Ausgangspunkt für Verfeinerungen

Die Brücke der Automatisierung überqueren wir nicht in einem einzigen Sprung, sondern in bewussten, konsequenten Schritten. Jeder dieser Schritte festigt unser Vertrauen in den neuen Weg und macht die alten, manuellen Methoden zunehmend unattraktiver.

Eine wichtige Erkenntnis, die ich meinen Klienten immer wieder vermittle: Die Automatisierungs-Revolution beginnt im Kleinen, aber ihr Einfluss wächst exponentiell. Oft sind es die unscheinbaren täglichen Routinen, deren Automatisierung die größte kumulative Wirkung entfaltet. Fünf Minuten täglich eingespart bedeuten über ein Arbeitsjahr mehr als 20 Stunden gewonnene Zeit!

Der Brückenschlag zur automatisierten Excelwelt bringt auch Herausforderungen mit sich, die wir offen adressieren sollten. Das Loslassen vertrauter manueller Kontrollmechanismen erfordert Vertrauen in die neue Technologie. Dieses Vertrauen kann nur durch positive Erfahrungen wachsen, weshalb ich den schrittweisen Ansatz mit regelmäßiger Validierung so nachdrücklich empfehle.

Ein weiterer wichtiger Aspekt unserer Brückenmetapher: Die Überquerung verändert nicht nur unsere Arbeitsweise, sondern auch unsere Position im beruflichen Kontext. Wer die Möglichkeiten der intelligenten Automatisierung beherrscht, nimmt automatisch eine Schlüsselrolle bei der digitalen Transformation ein. Sie werden zum Multiplikator, der anderen den Weg über die Brücke ebnet.

Meine Erfahrung aus zahlreichen Transformationsprojekten zeigt mir immer wieder: Die erfolgreiche Integration von Copilot in den

Arbeitsalltag folgt einem natürlichen Entwicklungspfad, den ich als "5-Phasen-Modell der Automatisierungsreife" bezeichne:

1. **Bewusstwerdung**

   - Erkennen repetitiver Muster in der eigenen Arbeit
   - Identifikation von Aufgaben mit hohem Zeitbedarf und niedriger kognitiver Anforderung
   - Entwicklung eines Gespürs für versteckte Automatisierungspotenziale

2. **Experimentieren**

   - Erste Schritte mit einfachen Automatisierungen
   - Sammeln von Erfolgserlebnissen durch schnelle Wins
   - Aufbau von Vertrauen in die eigenen Fähigkeiten und die Technologie

3. **Strukturierung**

   - Systematische Erfassung von Automatisierungskandidaten
   - Priorisierung nach Aufwand-Nutzen-Verhältnis
   - Entwicklung persönlicher Automatisierungsroutinen

4. **Integration**

   - Nahtlose Einbettung der Automatisierung in tägliche Workflows
   - Übergang vom bewussten zum selbstverständlichen Einsatz
   - Dokumentation erfolgreicher Lösungen für Wiederverwendung

5. **Innovation**

   - Neugestaltung von Prozessen unter Automatisierungsgesichtspunkten
   - Kreative Nutzung von Copilot für bisher ungelöste Probleme

- Mentoring anderer auf ihrer Automatisierungsreise

Die gute Nachricht: Mit den Werkzeugen und Strategien aus diesem Buch haben Sie das Rüstzeug für alle fünf Phasen erworben. Ihre Position auf diesem Entwicklungspfad mag individuell sein, aber die Richtung ist klar vorgegeben.

Die Brücke der Automatisierung zu überqueren bedeutet auch, unsere Definition von "Expertise" neu zu denken. Traditionell galt als Excel-Experte, wer die meisten Funktionen und Formeln auswendig kannte. Im Zeitalter von Copilot verschiebt sich der Fokus: Der neue Experte ist, wer am geschicktesten kommunizieren kann, was erreicht werden soll. Die Kunst des präzisen Prompts ersetzt zunehmend die Beherrschung technischer Details.

Dieser Paradigmenwechsel eröffnet spannende Möglichkeiten für Menschen, die bisher von komplexen technischen Barrieren ausgebremst wurden. Die Demokratisierung der Excel-Expertise durch Copilot ermöglicht es einem breiteren Spektrum von Mitarbeitern, wertvolle Analysen durchzuführen und datenbasierte Entscheidungen zu treffen.

Die Brückenmetapher trägt noch einen weiteren wichtigen Aspekt: Brücken verbinden nicht nur, sie eröffnen auch neue Horizonte. Mit jeder automatisierten Routine gewinnen wir nicht nur Zeit, sondern erweitern auch unseren Blick für das Mögliche. Was gestern noch als unrealistisch galt, wird durch intelligente Automatisierung plötzlich erreichbar.

In meiner Beratungspraxis erlebe ich immer wieder den Moment, in dem Klienten diese erweiterten Möglichkeiten erkennen. Ein Controlling-Leiter drückte es so aus: "Ich dachte, wir automatisieren, um Zeit zu sparen. Jetzt verstehe ich: Wir automatisieren, um unseren Handlungsspielraum fundamental zu erweitern."

Die Transformationskraft von Copilot wirkt auf mehreren Ebenen gleichzeitig:

- **Individuell:** Befreiung von monotoner Arbeit und Fokussierung auf höherwertige Tätigkeiten
- **Team:** Demokratisierung von Datenanalyse und Steigerung der kollektiven Intelligenz
- **Organisation:** Beschleunigung von Entscheidungsprozessen und Förderung einer datenbasierten Kultur
- **Gesellschaftlich:** Neuausrichtung menschlicher Arbeit auf kreative und soziale Aspekte

Das Bild der Brücke verdeutlicht auch eine wichtige Erkenntnis: Der Übergang von der manuellen zur automatisierten Arbeitsweise ist keine nebensächliche Effizienzsteigerung, sondern ein fundamentaler Kulturwandel. Dieser Wandel erfordert nicht nur technische Fähigkeiten, sondern auch emotionale und soziale Kompetenzen wie Offenheit für Veränderung, Lernbereitschaft und Kollaboration.

Die Reise über die Automatisierungsbrücke ist kein einsamer Weg. Wie wir im letzten Kapitel gesehen haben, entfaltet sich die volle Kraft der intelligenten Automatisierung erst im Team. Durch den Austausch von Erfolgen, die gemeinsame Problemlösung und gegenseitige Inspiration multiplizieren sich die individuellen Gewinne.

Mit Blick auf die Zukunft sehe ich, dass die Fähigkeit zur intelligenten Automatisierung zu einer Kernkompetenz in nahezu allen Berufsfeldern wird. Wer heute in diese Fertigkeit investiert, positioniert sich optimal für die Arbeitswelt von morgen, in der die Zusammenarbeit zwischen Mensch und KI zum Standard wird.

Die Brücke, die wir mit diesem Buch gebaut haben, führt nicht nur von der Vergangenheit in die Gegenwart, sondern weist auch in die Zukunft. Copilot und ähnliche KI-Assistenten stehen erst am

Anfang ihrer Entwicklung. Mit jedem Update werden sie leistungsfähiger, intuitiver und vielseitiger. Wer heute die grundlegenden Prinzipien der Zusammenarbeit mit KI verinnerlicht, wird von diesen Entwicklungen überproportional profitieren.

Eine persönliche Beobachtung aus meiner Beratungspraxis: Die erfolgreichsten Anwender von Copilot sind nicht diejenigen mit dem tiefsten technischen Wissen, sondern jene mit der größten Neugierde und Experimentierfreudigkeit. Kultivieren Sie diese Eigenschaften, und Sie werden kontinuierlich neue Möglichkeiten entdecken, Ihre Produktivität zu steigern.

Die Brücke der Automatisierung öffnet nicht nur den Weg zu effizienterer Arbeit, sondern auch zu größerer beruflicher Erfüllung. Wenn wir unsere Zeit nicht mehr mit mechanischen Routinen verbringen müssen, können wir uns auf die Aspekte unserer Arbeit konzentrieren, die echte Befriedigung schaffen: kreatives Problemlösen, strategisches Denken und menschliche Interaktion.

Ein wichtiger Gedanke zum Abschluss unserer gemeinsamen Reise: Die Automatisierung mit Copilot ist kein Endpunkt, sondern ein kontinuierlicher Prozess des Lernens und Wachsens. Mit jedem neuen Projekt, jeder neuen Herausforderung werden sich Ihnen weitere Möglichkeiten eröffnen, Ihre Effizienz zu steigern und Ihren Wirkungskreis zu erweitern.

Ich lade Sie ein, die Prinzipien und Techniken aus diesem Buch als Ausgangspunkt zu betrachten, nicht als abgeschlossenes Regelwerk. Experimentieren Sie, adaptieren Sie und entwickeln Sie Ihren persönlichen Automatisierungsstil. Die wahre Meisterschaft entsteht nicht durch das bloße Befolgen von Anleitungen, sondern durch kreative Anwendung und kontinuierliche Weiterentwicklung.

Die Metapher der Brücke enthält noch eine letzte wichtige Erkenntnis: Brücken ermöglichen nicht nur den Übergang, sondern schaffen auch Verbindungen zwischen verschiedenen Welten. In diesem Sinne verbindet die intelligente Automatisierung mit Copilot die Welt der technischen Effizienz mit der Welt der menschlichen Kreativität. In dieser Verbindung liegt das wahre transformative Potenzial.

Mit den Werkzeugen und Strategien aus diesem Buch haben Sie alles, was Sie brauchen, um Ihre Excel-Produktivität durch Copilot auf eine neue Ebene zu heben. Der Weg über die Brücke liegt vor Ihnen, bereit, beschritten zu werden. Ich bin überzeugt, dass die Reise, die Sie antreten, nicht nur Ihre Arbeitsweise verändern wird, sondern auch Ihre Perspektive auf das, was in Ihrer beruflichen Rolle möglich ist.

Ich lade Sie ein, den ersten Schritt zu tun und zu erleben, wie sich die Landschaft Ihrer täglichen Arbeit zu verwandeln beginnt. Die Brücke zur automatisierten Excelwelt steht Ihnen offen, und ich bin gespannt auf die Entdeckungen und Erfolge, die auf der anderen Seite auf Sie warten.

DANKSAGUNG

Die Reise zur Erstellung dieses Buches begann mit einer einfachen Beobachtung in meinem Beratungsalltag: Unzählige talentierte Menschen verbringen kostbare Stunden mit repetitiven Excel-Aufgaben, während ihr kreatives Potenzial ungenutzt bleibt. Diese Erkenntnis wurde zum Funken, der dieses Projekt entfachte.

Mein tiefer Dank gilt den vielen Workshopteilnehmern und Klienten, die mir durch ihre Fragen, Herausforderungen und Aha-Momente gezeigt haben, welche Aspekte der Excel-Automatisierung wirklich relevant sind. Eure Geschichten haben diesem Buch Leben eingehaucht.

Besonders berührend war für mich die Courage, mit der viele von Ihnen, liebe Leserinnen und Leser, alte Gewohnheiten in Frage stellen und neue Technologien erkunden. Dieser Mut inspiriert mich täglich.

Das Verfassen dieses Buches hat meine Überzeugung verstärkt: Technologie sollte uns befreien, nicht belasten. Wenn Sie Wert aus diesen Seiten gezogen haben, teilen Sie Ihre Erfahrungen gerne mit anderen – jedes geteilte Wissen vervielfacht seinen Wert.

Franziska Winkler